水辺の写生帖

— 釣り ときどきスケッチ —

柴野 邦彦

■目次

静かな風

景色は夏と変わらないのに
静かな風がヤナギの葉先を
途切れなくゆする
どこからか下りてきて
浅瀬の飛沫に触って
それから森の中へ消えてゆく
それは秋の斥候
鱒たちに
婚礼の準備をさせていいか
見に来たのだ

午後になって

午後になって
小さな雪片が空気に交じった
山の上の池では
鱒が虫とまちがえて
水面へ出た音がした
鱒はそれから
腹をすかせたまま
湧水を捜しに
池の底へ下りていった

夜明け

春まで待てないのだ
夜明けが待ちどおしいように
一尾の魚を追う情熱が
暖かい寝床への未練より
強くなる時がある
慣れ合いの人生や
変わりばえのしない仕事を
放り投げて
その一瞬生命の輝きに
賭けてみたい夜明けがある
山の頂を一日の最初の光が染める

釣人の春

京都が春だと言えば
日本中がそれにならって
吹雪の中でも
新春の飾りをする習慣は
今でも残っているが
釣人の春も冬のさなかに
突然芽生える
娘たちのぎこちない晴れ着や
南国への旅行の広告
窓際の植木鉢の土の匂い
ベートーベンのヴァイオリン・ソナタ五番が
釣人の春に花を咲かせる
けれども本当の春はまだ先の話で
そうして、釣人は必要以上の
余分の毛鉤を今夜も巻くことになる

風のでた午後

午後からひどい風がでた
朝がダメだったから
これからと思っていたのに。
ラインが空に舞う
古い葉やら　新しい葉が
巻き上げられてとんでゆく
魚を釣るゾ　という私の信念も
軟弱もので
それと一緒に飛んでいった

開店休業

昨日の夜はひどい風と雨だった。

それで釣人が森の空地に張った天幕の上をいろいろなものが通り過ぎていった。

黒く低い雲、ミミズの匂いのする雨滴。若葉をつけたばかりの白樺の小枝、たぬきの抜け毛、風の隙間を縫って必死に塒に帰るヨタカ。膨らみかけたのにじっと待たなければならない希望、山頂で生まれて谷間へ押し寄せてくる夜の脅迫。そして、うんと高いところで冷たく成り行きを見下ろしている月。などが片目を開けて横になった釣人の天幕の上を横切って、飛び去っていった。

朝、天幕の布地には洗われた太陽の落とす森の端のまだら模様がちらちらと揺れていた。

今日の釣人は休業。川は濁って釣りにはならないだろう。釣人は自分の巣から寝袋やら、マットやら、靴下、シャツなど湿気たものを全部引っ張り出して木の枝に吊るす。風で散らばったコップとヤカンを拾い集め、ラーメンの食べかすの溜まったナベを洗った。

日当たりで、もう地面が乾きはじめている。水蒸気が上がり、蒸された草のいい匂いがする。特別にやることは何もない。回覧板もこないし、訪ね人もない。釣人はコーヒーを淹れ、陽を背中にして蟻の通り道となった倒木を机にして宛名のない手紙を書いた。受取り人がいないから、現実とはスコシバカリはみだしたが、好きなことを心おきなく書いた。

―――昨日は大きな鱒を釣りました。そして、月を見ながら火を焚いて、ムニエルにして食べました。今日も大きな魚を釣るつもりです。今夜はクレソンと一緒にホイール蒸しにして食べます。あとで町までワインを買いに行きます。あと二週間は帰りません。――――

テントが乾いたら片付けをはじめて、今夜中に帰らなければ・・・。明日は会議がある。

訪問者

夜中　ひどく冷えて目が覚めた
テントの外でカサコソと音がしている
昼間見たオコジョだろうか
白い冬毛になりはじめていた
テントで寝ると地面の音が良く聞こえる
ケモノたちは布一枚のすぐ向こう側ま
でやってくる

一の倉の出合いでは
ケルンの隙間に住む小さなネズミが
一晩中走り廻っていた

玉川の二股では
食糧かごを出たり入ったりする音がした
小さな働きものが中の食パンを齧って
いるのだろう
少々恵んでやってもいい
朝　見るとパンには被害なし
ロールペーパーの芯にドングリがいっ
ぱい詰まってた
私が食べるように　運んでくれたんだ
ろうか
心が温かくなった

菅沼の駐車場で寝た時は
夜中に石がぶつかる音がした
顔を出してみたけど　異常なし
明るくなって見ると
車のドアやウインドウは
鹿の舐め跡だらけだった
塩の匂いがしたんだろう
群れで来たのに　出した音は
粗忽ものが石を一つ蹴とばしただけ
だった

東沢の山の神では　荒い鼻息と強い匂
いがした
あれはシシだったのか　クマだったのか

夜中の訪問者はうれしい
一人でいてもさびしくないから
怖いのは人間の足音
足音のしない人間はもっと怖い

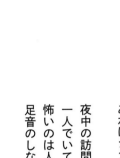

釣れない釣り

冬が寒いほど春は輝きを増す
残念ながら今年の冬は暖かくて
東京では雪もふらないのに
春一番が吹いた
それが直接に地球温暖化のせいと
ばかりは思わないが
いずれにせよ
経済は右肩上がりでなければいけない
少子化は都合が悪くて
産めよ増やせよの政策が必要だ
という話を聞くたびに
人類は地球を滅ぼすに違いないと思う

どこまで人間を増やせば気が済むのだ
どこまで右肩上がりでゆくのだ

人間に感情がある限り
地球を存続させるという抽象概念よ
りも
自分の国や、地域や、家族を
優先させるに決まっている
戦争中の国や、病気の子を持つ親の
ことを
考えてみれば分かる
そのためには、他人には使うなという
エネルギー資源も
自分では惜しみなく使うにちがいない
それは仕方のないことかもしれない

仕方がないから
今日も非生産的な釣れない釣りに
行って
経済にも人類繁殖作業にも励まず
少しは地球の存続に貢献する積もりだ

ワサビ田

枝沢に入ると古いワサビ田があった
小さな石積みの段々が
崩れかけ細い水が流れていた
誰にも会わない　この山の中で
黙々と石を積んだ人がいた
彼の積んだ石がワサビとなり
子供の三角定規となり
正月の餅になった

娘を嫁にやる時には
釣ったヤマメで酒を飲んだろう
炭焼きの合間には
キノコを採っただろう
そして　石を積んだ
石を積んで　落ち葉を取り除けて
彼の人生が流れていった

子供は大きくなって
ワサビ田を継がなかった
山の中に　静かな秋の陽を浴びて
彼の手のぬくもりが残っている
疲れた腰を休めるため
彼が座った石がある
黄色くなった木々の間に
彼のタバコの煙が見えたような気がした
もちろん　私は彼を知らない

日曜の夜

高速道路のトンネルを抜けたら
月があった
それがあんまり細くて　寂しそうだっ
たので
誰か　人の顔を見たくなった
今日一日　人のいない湖で
サオを振りつづけたせいかもしれない

いつもの春と同じように
午後は強い風が吹いた
湖面に白波が立った
それで　大きなやつが岸に寄るかなと
思ったけれど
魚はやって来なかった
夕方は寒くなった
水の中に立っているのは
相変わらず　一人だった

これから電話をして
三時間後に都会の酒を飲める店で
会える奴はいないか　と考えた
日曜の夜のこんな半端な時間に
ひたすら誘いの電話を待つ人間の顔など
思い浮かばなかった
不幸で充実した今日の一日を
語る相手を探すのはあきらめた

それで　人通りのにぎやかな街をぬけて
日曜日の夜を正しく着飾って
腕を組んで歩く人たちの姿を見るだけで
満足しようと思った
彼らを見れば
月曜の朝の　社会復帰が
少しは楽になるかもしれない

ちびカケス

ブナ林の中で雨の音を聞いた
それは谷沿いに下りて来て
急に強く降り出した
岩魚釣りは一時中止

木の下へ逃げ込んでしばらくすると
カケスのヒナが一緒に雨宿りをしていた
まだ翼も尾羽もはえていない
びしょ濡れで寒そうだ
さっきの風で巣から落ちたのか

二人で黙って雨宿りをしていた

空が明るくなって　雨が小降りになった
気が付くとカケスはいなかった
もう先に駆けていったんだろうか

飛べないうちから巣を出る
ヒヨドリのことを思い出した
あれと同じなら　もう親離れをしたのかもしれない
あの若さで世間の荒波に向かっていったんだ
危険だらけの森の中で
あれが生き残ってゆける確率は小さい

神に祈ったことのない私が
雨あがりの太陽に向かって
ちびカケスの無事をお願いしたい気になった

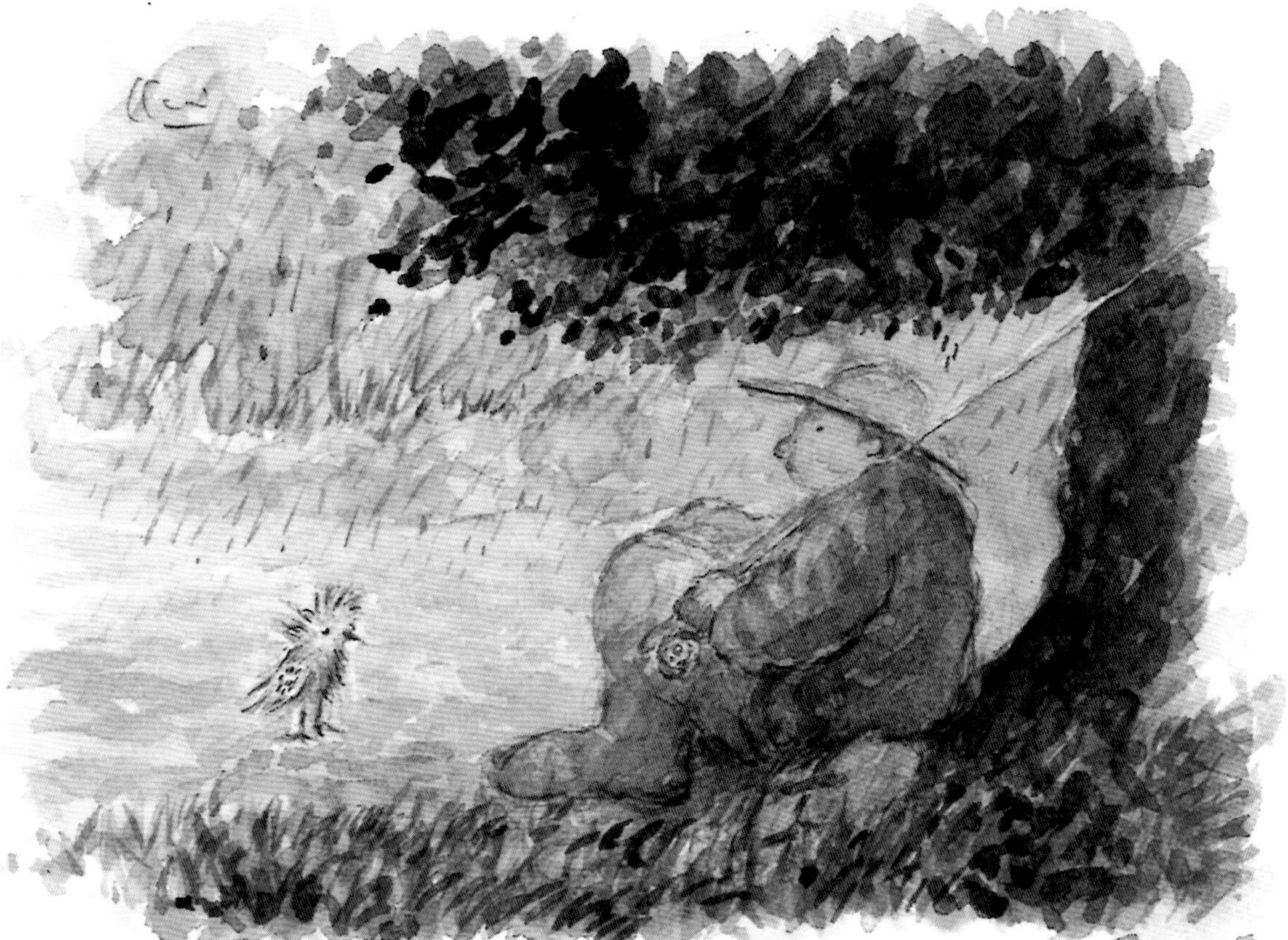

釣りの一日

空が真っ赤に燃えて
それから　夜が降りてきた
ラインが拾ってくる水の滴が
指先を凍らせる
一日が終わった
釣りをしている間に

毛鈎を六本取り換えて
魚が三度それを食って
二尾釣り上げた
それだけのために八時間
その間に石油の値段が上がり
ニューヨークで株が下がった
永田町で政党が泥を投げ合い
千葉で女子大生が殺された
近所で認知症のおばあさんが
行方不明になった

午後には北風が吹いた
オナガガモの一群が空を横切り
ノスリが翼を動かさず高く舞って
赤く染まった雲の向こうで消えていった
いつの間にか　細い枝の先に星が光って
そうして　一日が過ぎた

不老不死

除夜の鐘を聞けば、また一年が経つが、小生の場合、過ぎた一年をしみじみと振り返る習性はないから自己憐憫に陥ったりすることはない。当たり前の事しかしてないから、自分を褒めてやりたくなることもない。いかにして明日を、世の中のしがらみから抜け出してやろうかと策を練るのに忙しくて、地平を飾る白い山並みを見にゆくか、枯草の河原にコガラの一群でも探しに行こうと考える。

そうは言っても、一年ごとに肉体の衰えはやって来て、昨年の秋からひどい坐骨神経痛に悩まされている。高尾山へ山ガールを見にゆくこともままならない。これが仕事をしすぎのツケなのか、遊び過ぎの対価なのかは議論の分かれるところだが、いずれにせよ振り落せない老いが腰のあたりにしがみついている。小生のまわりには元気な人間ばかりがいて、冬の犀川に浸かりに行くだとか、テレマークでオフピステだとか言って、今年のアイスクライミングは諦めている小生の憂鬱を重症化させる。そんな時、日本を代表するクライマーの一人である友人が、彼もやはり腰痛持ちで、ひどい時には歩けないと言うのを聞いて、少し元気づけられた。

元気づけられたのだが、だからと言って神経痛の痛みが飛んでゆく訳ではない。そうして痛みが出る度に、これから先どうあがいても、今まで生きてきた時間よりこれからの時間のほうがずっと短いということを思い出させられた。古今東西、人間は昔から長寿だの不老不死だのを望んできたのだが、考えてみれば不老不死などというものは終身刑の牢獄にいるのと同じだろう。それは仕事もしないで、ハスの葉の上に坐っているだけの極楽のイメージと重なる。死なない事が分かっていれば、人生なんてものはひどくつまらなくなるに違いない。失敗などというものは何の意味も持たなくなる。いつでもやり直しがきくのだから緊張感は皆無だ。何をしても、それが永遠に続くのであれば、何事も急いで今日やる必要はない。生きている充実感などはなくなってしまうだろう。人が生きてゆくのは死ぬまでの時間をただ我慢するためではない。感動や幸福感を与えてくれるものが時々あって、それがほんの一瞬で消えてしまうものであっても、その一瞬の生命の燃焼や至福の高揚が生命を支えてくれるのではないかと思う。それは大波に乗るサーフィンであったり、ヒマラヤの大岩壁への登攀であったり、あるいは激流の底にへばりついた大鱒を釣ることや、リスクの大きな事業や金儲け、運命の人との大恋愛、そして愛する人との別れなど、いろいろある。また、海の見えるホテルのベットや、四畳半のフトンの上でのくんずほぐれつや、冬の公

園でのランナーズ・ハイのような肉体的快楽でさえ生きる原動力となるだろう。あるいは、友人の優しい一言や、朝の一杯のコーヒー、陽だまりのネコのあくびでさえ生きる努力を後押ししてくれる。

一つの種が環境の変化に対応して生き延びるためには、次の世代がみんなして変化する必要がある、というのをどこかで読んだことがある。キリンの首が長くなるためには、ある日突然変異で一匹の首だけが長くなったのでは駄目で、突然変異が少数だと、伝統的な個体群から仲間はずれにされるか、いじめ殺されてしまう。だから新しい世代の中で多くの個体が同時に新しい環境に適応する能力を持って生まれてこなければならないという。つまり、古い世代はいつまでも古い体質のまま生き残っていてはいけないのだ。種の中の個体は生まれることにも意味があるが、消えてゆくことにも意味がある。小生は学者ではないし、なにしろ昔どこかで読んだ本をうろ覚えで、しかも自分に都合の良いように解釈して話しているので、学問的にはあまり信用しないでもらいたいが、要するに不老不死では駄目なのだ。

そういう訳で、私の場合の毎日は正月が来る毎に貴重になっていく。もっとも、正月ごとに墓石に近づくのは小生の場合だけではないと確信する。そうなると、誰にとっても川に立ってロッドを振れる日はますます貴重になる。晴れの日でも、曇っていようと雨の日でも、あるいは雪の中でも釣人にとって都合の悪い日などない。一個の生命体として消えてゆくことを前にしては、ケチくさい人間社会の約束事など、いっとき、向こう岸に放り投げて、無我夢中でサオを振り、至福の時間を使い果たし、そのあげくに、よろこんで川を渡ってゆきたいと思う。

魚が跳ねた

自分では若いと思っているのだが、気がつくと、六回目の年男になっていた。秋からのひどい神経痛が無理やりにそれを意識させる。陽当りの縁側もいいが、そこでゴロゴロしていると、あの透明で肌を刺す夜明けの風が懐かしい。去年まではそんな中へ喜んで出かけたのに、今年はすっかり弱気だ。動く度に激痛が走るという経験はそうめったにできる訳ではないが、どっかに何かが引っ掛かっただけで、こんなになるとは今頃になって肉体構造の複雑さに目を見張る。そして、いくら気が焦っても氷の上を渡ってくる寒気の中へ出てゆくのは不可能と思ってしまうのだ。解禁したばかりの山の湖へスーさんと大きなブラウンを狙いに行ったのはいつだったのか。あの頃冷たい夜明けの風は期待の前兆だった。

朝の気配もない駐車場の電燈の光で支度をした。暗闇の浜で長い間待つのは分かっていたから、二人ともダルマのように着ぶくれしている。9フィート7番のロッドにポーラベアー・ウイングのストリーマーをセット。傾斜したアスファルト道を湖へ向かう。ネオプレーン・ウェイダーのフェルト底が薄氷に吸われて地面に張り付いた。

ヘッドライトの中で息が白い。スーさんと私の歩く音だけがする。浜へ出たが湖は暗い夜の底に溶けて境界線も見えない。一度水際までゆっくりと降りて、それから5メートルほど下がって砂の上にしゃがんだ。スーさんはそれからまだ30メートルほど桟橋のほうへ歩いて行った。ライトを消したので、姿が見えなくなった。そして、赤い火に顔が一瞬照らし出されて消えた。煙草に火をつけたのだろう。

彼が聞きこんできた情報では、ワカサギが産卵のために岸に寄ってくるのは暗いうちで、大きなブラウンがそれを追って浅瀬へやって来るという。だから夜中に行きましょう、と電話をもらった。その頃にしてはかなり前衛的な情報で、しかも雪の残る夜中の浜だったから、われわれの他には誰もいなかった。

砂の上に坐っていると、寒さと眠気が同時に襲ってくる。寒さに震えながら、時々意識が切れかかる。夜明けはなかなかやってこない。時計がちっとも進まない感じがする。意識がはっきりしたのは、桟橋の方で大きな水音がした時だ。スーさんがハジマリマシタヨと静かな声で言う。それはずいぶん大きな水音で、モンスター・ブラウンが水から飛び出したのにちがいなかった。スーさんの声も魚のたてる音も静かな湖面を伝ってよく聞こえる。それからしばらく何事も起こらなかったけれど、もう眠気はなかった。耳をそばだて、見えない対象に目をこらした。

夜明けの最初の風が水の上を渡って

くるのが感じられた。朝が息をしている。対岸の山の線が浮かび上がり、白黒の景色が現れてきた。私はロッドの先からラインを引きだし、フライを左手でつまんで、いつでも投げられるようにした。水面の小さな波の影がはっきりしてくると、遠浅の浜の先に魚が頭を出したのが見えた。まだ少し遠いので、投げようかどうしようかと考えていると、とつぜん、右手の水際が揺き回され、大きな背びれが見えた。水深は30センチもないだろう。砂の上に膝をついて、サオを二度振る間に魚の姿は見えなくなった。ストリーマーはさっき、背びれのあったところに落ちた。すると、その1メートルほど手前で大きな魚が驚いて反転するのが見えた。大きな渦を残して魚は深い方へ全速力で逃げていった。

ストリーマーが乱暴に魚の上に落ちてしまったのだ。がっかりした。大きな鈎を静かに落とすのは難しい。慌てて魚を狙ってしまったのも反省材料だ。なんとか気を取り直した。また次の魚が廻ってくるにちがいないと思った。水面を見ながら、サオを担いで、水際から離れてゆっくりと歩いていった。山の影から光が射して、見る間にあたりが明るくなった。白黒だった世界に色が着いた。

振り返るとスーさんが膝のあたりまで立ち込んでサオを振っているのが見える。その先で魚が跳ねた。あたりはどんどん明るくなった。しばらくあちこち歩きまわった。絵葉書のような景色が色を濃くするにつれて、岸での車の往来が盛んになった。さっきのライズが最後だったようで、魚の影は見つからない。波打ち際に弱ったワカサギが数尾見えるが、もうブラウンは浅瀬に来ないようだった。スーさんのところへ戻ると、彼も水から上がってきた。ライズがなくなったと言った。お互いに戦況を報告した。スーさんは一つ掛けたけれどすっぽ抜けたと言った。太陽のお蔭でもう暖かくなってきて、ぼくたちは船宿へ朝飯を食べに行った。明るくなってからは勝負にならないというのがその頃の情報だった。

それは屈託も神経痛もない朝で、魚の釣れないふつーの朝で、かけがえもなく素晴らしい朝だった、と今になって思う。あの魚は今なら釣れるだろうか。今朝マットの上でリハビリのストレッチをしながら考えた。三十年前よりはキャスティングも少しはうまくこなせるだろうし、ダブルハンドなら素早く対応できるかもしれない。フライは友人のタイヤーに頼み込んで、あのワカサギそっくりの浮いてふらふら揺れる奴を分けてもらおう。そう考えると、寒気とともに期待を運んでくる、夜明けの風の匂いが鼻先をかすめた。腰のひねりに少し力を加えたので、また激痛が走った。何はともあれこいつを治さなくては。

この川にはとんでもないやつが潜む
一度その姿を眼にすると
それは釣り人の頭の中に住みつき
釣り人の人生を狂わせる
あれを釣れば このやりきれない毎日が
少しは好転するような気がする
と釣り人は考える
そして釣り人は川へ向かう
魚は何度も釣り人の糸を
切っていったから
リベンジだとか再リベンジだとかいって
あらゆることを犠牲にして
釣り人は川へ通う

一瞬の夢

そうして ある日 それを釣り上げる
釣り人は歓喜の中に三日いた
それから 釣り人には分かる
だからといって、この毎日に
何の変化もないことに
そんなことは世の中にとって何の
意味もないことで
それは釣り人だけの一瞬の夢
他の誰にも見えない自分だけの夢
追い続けることで生命を充たす
自分の人生と同じ
一瞬の夢

福寿草

　小さなヤマメを三つ釣って、川から上がってくると陽は傾いていた。一日の最後の温もりの中に梅の香りが漂っている。畑を横切って古い街道筋に出た。道沿いに家が何軒か並んでいるが、人気はない。車も人も通らない西向きの旧街道を冬を越したばかりの澄んだ太陽が占領していた。

　竿をたたんで歩き出すと、低い石垣の上に大きな梅の木が満開だった。近づいてゆくと、花の下の陽だまりに小さなオバアさんがいた。両脚をきちんと揃えて、石垣に腰掛けている。梅の下で、その座り方はまるで分れ道のお地蔵さんのようで、きっと彼女はずっと前からそこに居たのに違いなかった。

　私が「今日は」と言って通り過ぎようとすると、「アナタ様ハ、ドチラカラオイデデシタカ？」と問いかけられた。彼女が顔を動かさず、私を見るでもなく、そう言ったので、それは彼女が言ったかどうか分からないほどだった。私は足を止めて、振り向き、それは彼女に違いないと確認してから「ネリマから来ました」と答えた。

「ねりまハ、トウキョウデスネ。私モ若イ頃行ッタコトガアリマス」

彼女はそう言って、長靴を履いている私を見て、「釣レマシタカ？」と尋ねた。

「いやあ、たいして釣れませんでした」

「昔ハタクサンイタケドネ」

彼女の中で子供の頃の自分のおかっぱ頭が浮かんだのか、おバアさんは眼を細めた。

　あたりが静かなので、谷の上を走る国道のバイパスから自動車の音が聞こえた。

「立派な梅ノ木ですね」と私は言った。

「コノ木ハ私ガ生マレル前カラアルノ」

おバアさんは梅の木を見上げた。

丸い襟の付いた白いブラウスに、お尻までの長い毛糸のチョッキを着て、おバアさんはとても身奇麗にしていた。髪の毛も短くしてちりちりとパーマをかけ、横はきちんと後ろへ梳かして、耳の後ろでピンで留めてあった。

「コノ辺ジャ福寿草モ咲イテルヨ」

　彼女はそう付け加えた。

「それはどこですか？」

「ホラソコノ隣ノ家ノ庭ニタクサンアルヨ」

　彼女はそう言って脇に置いてあった杖を突いて立ち上がった。そして、得意そうにときどき私の顔を振り返りながら、そちらの方へ歩いていった。庭は低い石垣の上にあって、眼の高さのところに軸の太い黄色い花がかたまって地面から頭を出していた。

「すごいですね。こんなにたくさんの福寿草を見たのは初めてです」

　おバアさんは嬉しそうに、今度は道の反対の今来た方を杖で指した。

「アッチニ大キナ木ノアル家ガアルデショウ。アソコノ人ハウチノ親戚ナンダケド、大学ノ先生デ東京デ教エテルノ。アナタ様ハゴ存知ナイデスカ?」

彼女は杖を突いてそちらへ歩いていった。誰も居ない旧街道の中を彼女の影が長くなって動いていた。腰を曲げた小さな姿よりもその影のほうが大きかった。それは私の車が止めてある、駅の駐車場とは反対の方角だ。おバアさんは立ち止まって後ろを振り返り、私がついて行かないので、怪訝そうに

「見セテアゲマスヨ、今ハ誰モ居ナイカラ」と言った。

「いやいや、いいですよ。おバアさん、私は駅の方へ行きますので、また今度で結構です」

私は、道の真ん中で立ち止まっているおバアさんのほうへ、少し歩いて行ってそう言った。それから駅の方へ歩き出すと、おバアさんもついてきたので追いつくまで少し待って、二人でそうしてしばらく歩いていった。

「ソレデアナタサマハドコカラオイデデシタカネ?」とおバアさんはまた尋ねた。

「東京からです」と私は答えた。

「ソレデアナタサマハ、アソコノ家ノ

息子ノコトハ、ゴ存知アリマセンデシタカノ？　東京ノ大学デ先生ヲシトリマスケド。ウチノ親戚デネ、東京へ行ッテルンデス」

　おバアさんは、立ち止まって、両手を杖の天辺へ置き、それに寄り掛かった。

「残念ですが、存知上げません」

ごみのない清潔な旧街道に溢れている光線にはだいぶ赤い色が混じって、ところどころ家の屋根の真っ直ぐな影が道路を切れ切れにしていた。

「ソレジャアアノ家ヲ見セテアゲマショウ。親戚ノ家デスカラ」

「いやいや、また今度で結構です。私が行くのと反対の方向ですから」

　おバアさんは不思議そうにしばらく考えてから言った。「ソレジャア、ウチへ寄ッテ行キマスカ？　スグソコデスカラ」

「いやいや、もうすぐ寒くなりますんで、帰ります」と私は少し声を大きくした。

「ソウデスカ」とおバアさんは寂しそうな顔をした。「マア寄ッテイッタライイノニ。今ハコノ辺ノ家ニハ誰モ居ナイノ。ミンナ町へ働キニ行ッテルカラ」

　その時、中学の制服を着た女の子が一人向こうから歩いて来た。彼女を見るとおバアさんが声を掛けた。

「ミヨチャン、今日ハ早ク帰レタンダネ」

みよちゃんと呼ばれた女子中学生は驚いて、水溜りでも避けるように道の反対側へ跳んで、ちょっと頭を下げ、おバアさんの顔と私の顔を交互に見ながら、何も言わずに足を速めた。

「アンタハミヨチャンダヨネ？アンタハモウ赤チャンヲ生ンダンダッタヨネ」とおバアさんはその後ろ姿に大きな声を投げた。

　女子中学生はこちらを向き、怖いものを見るような、困ったような顔をして、黙って駆け出して行った。

「アノ娘ハネ、ナカナカ子供ガデキナクテ、ソレデ神主ノトコへ行ッテ御祓イヲシテモラッテ、ヤットアノミヨチャンガデキタンダヨ」とおバアさんはにっこりした。

あの娘とみよちゃんと、みよちゃんを生んだ娘との関係を理解するのは少々時間が掛かった。

私は「それじゃ、これで失礼します。お話できて楽しかったです」と言った。

「アナタ様ハ、ドチラニ行キマスノ？」とおバアさんは訊いた。

「駅の方へ行きます」

「ソレナラ、私モチョウド駅ノホウへ行クトコロダカラ、一緒ニ行ッテアゲマショウ」

　そうして、二人で清潔で誰も居ない街道を、長い影を引きずりながら歩いていった。太陽が尾根の陰に隠れようとして、おバアさんの髪や毛糸のチョッキが赤くなった。

　おバアさんは一軒の家の前まで来ると、そこが自分の家だと言った。

きれいに手入れされた庭があって、洗濯物が干してあって、人のいる気配がなかった。車が二台入るガレージはがらんとして、しんと静まり返って、早い春の山裾の陰へ沈もうとしていた。

おバアさんは自分の家を見ると、突然何も言わずにスタスタと勝手口から中へ入っていった。

私は唐突に街道の上に取り残された。おバアさんがまた出てくるのかもしれないと、しばらく待ってみた。彼女はもう出てこなかった。彼女はもう出てこないに違いないと思った時、人の居ない街道は急にさびしくなった。口の中に空虚な味がした。それは逃れたいと思いつつも、生きてゆくためには必要な、懐かしいしがらみから突然解放されたような、つかまりどころのない空虚さだった。彼女の持つ孤独がどれほどのものなのかを考えれば良かったかもしれない。急ぐ旅でもないのだから、彼女が案内したいと思っていた彼女の世界を一緒に歩るけたはずだ。

太陽が山の陰に隠れて、暗くなり、寒くなった。

旧街道を右に曲がって、駅前へ続くバイパスのほうへ坂を登るとまた梅の香がした。

フェザント・テール

山の渓流へ行くつもりが、高速道路の集中工事で渋滞がひどいという情報が入った。待ち合わせの場所で、同行の友人と二人で会議をし、衆議一決して方向を変えることにした。三日前の別の友人の報告で、連れていったコンパニオンの女性が巨鱒を瀑釣したというキャッチ・アンド・リリースの川がいいということになった。

遅く出てきたから、着いたのは昼前だが、駐車場には数台の車しかない。広い釣場には一人、二人がぽつんと見えるだけで、ほとんど貸切り状態だ。天気が良くて、緑の濃い山の上には目の痛くなるような白い入道雲が立ち上がっている。ウエイダーを履いて川へ下りると、極端に水の少ないのが分かった。大きな魚が何尾も見えて、期待は過剰に膨らんだが何投かするうちに、魚はエメラルド色の深みの底からまったく動かないことが分かった。フライを小さくしたり、大きくしたり、ティペットを細くしたり、ウエイトを噛ませたり。そのどれもが功を奏しない。天気が良すぎるのか、渇水のせいなのか、あるいは三日前の日曜日に何度も釣られて、何度も放されて、口の中にえぐいような鉄の味がまだ残っているのか。一尾、まぐれで喰ってくれて、それをバラしただけで第一ラウンドは終了。

遅い昼食のソバを食べにいって、腹が空いていたので、オオモリを頼んだら、田舎のオオモリは超ド級で、食べすぎた。河原へ戻って、木蔭に横になったら寝てしまった。目が覚めた時、自分がどこにいるのか認識できないほど良く寝ていた。陽は少し傾いて、風がでて涼しくなった。上流へ向かうと高い橋の下に大きな淵があって、小魚が跳ねている。ウグイかアユだろうが、ときどきモジリも見える。どうみても小魚以外は水面で捕食している感じではない。流れは平らだが、けっこう距離はある。上流から風が吹く。後ろは上を国道が走る石の壁。今日は山の渓流へ行くつもりだったから、軽いサオしかもってきていない。オモリなどつけて細いチペットをトラブルなく飛ばす自信はない。フライボックスを探しているうちに、最近ちっとも使わなかった、フェザントテールの一団があるのに気がついた。これならなんとか投げられるし、時間をかければ少しは沈んでくれるだろう。十八番のフェザントテールを7Xに結んで、上流から流し込む。一、二度、魚がくわえるアタリがあったが、ノラなかった。魚が小さいのか。少しずつ下へ移動して、瀬場から瀬頭にかかったところで、いきなり手ごたえと共に大きなヤマメが跳びあがった。魚は鈎をくわえたまま持って行ってしまい、サオ先にリーダーがヒラヒラとした。また、フェザン

トテールをつけて流す。今度は瀬脇でニジマスがでた。これも鈎を持って行ってしまう。チペットを6Xに換えて、フェザントテール。これも持っていかれた。こうして四尾掛け、四尾バラすと、その区間でのアタリはなくなった。

　友人のいる下流へ戻ると、こちらもそろそろいい時間になる、と言った。それまでは大きなマドラーミノーを逆引きして、一尾引っ張り出しただけだ、と言う。友人の下流に入った。太陽は山の向こうに隠れて、水面に夕方の風が皺を作る。下流に向かってフェザントテールを流すと、ドラグが掛かってスイングが始まったとたん、一尾来た。大きなニジマスでリールからラインを引きだしていった。やりとりをして、上げると、それから、次々に魚が掛かった。掛けそこなって、跳ね返ったラインのせいでリーダーがサオに絡みつくまで、五、六尾釣った。もう、十分だ。そうして、夏の始まりの一日が終わった。

　フェザントテールの凄さを再認識した釣りだった。雉の尾羽と銅線という材料だけで、形と質感と水の中を流すための重量までを考慮にいれて作られた、このフライは完璧の一本だ。フランク・ソーヤーに乾杯。

Sawyer nymph
pheasant tail

富士をめがけて

　ニンフ・フィッシングなんてものが流行りだした頃、アメリカから一時帰国した友人を当時まだ少なかった管理釣り場の一つに連れていった。彼はアメリカでフライフィッシングを始めたので、日本の川にはどんな虫がいるんだい、と言って石を起こしてはそれを眺めていた。

　それから、分かれて釣りをし、昼飯の時に顔を合わせた。

「楽しんでるかい？」と訊いたら、楽しんでいるけど、難しくてちっとも釣れないと言う。

「そっちは？」と訊かれたから、そこそこ釣れてる、と答えた。すると「それで、フライは何を使ってるんだい？」と質問された。

　その頃、日本の仲間内ではウーリーバガーみたいのが管理釣り場での定番だったが、今日の相手はニンフの達人なので、敬意を表して、大きなモンタナニンフを結んでいた。

　それを見せると、「そんな虫、ここには見つからないけどナー」と言う。

「何でそんなので釣れるんだよ？」

「そっちは何を使っていたんだい？」と訊くと、なんだか小さな足のはえたフライを見せてくれた。そして、それはこの川にいる、一度聞いただけでは覚えられないラテン語の名前のカゲロウのニンフだと言う。午前中一杯それそれで頑張ったけれど、ちっとも釣れなかったそうだ。

「何でダメなんだろう」と少々しょげている。

「たぶん、ここの魚は昨日養魚場から引っ越してきたばかりで、向こうでは空から降ってくるペレットばっかり食べていたから、そのラテン語の名前の虫なんか見たことも、食べたこともないんじゃないか」と答えた。

　それで、午後は彼もウーリーマラブーでたくさんの魚を釣った。たしかに、管理釣場には特殊事情がある。それでも、管理釣場が日本のフライフィッシングの発展におおいに貢献したことは間違いない。

　富士の麓にある管理釣場は四角な池で、これは人工的に作られた温水溜池を利用したものだ。温水溜池というのは山からの冷水が稲田に直接入らないように、一時的に溜めて、水温を上げるためにある。そこは真正面に富士山の美しい姿を拝めるので、ボートなどを浮かべて観光地になった。それから鯉の釣堀になり、そしてフライフィッシングのブームが訪れるや、マスを入れてフライ・ルアーの管理釣場になった。

　同じ頃、栃木の方では砂利を採った後の河原の穴に魚を入れて管理釣場ができた。東京近郊では、国際マス釣場と言う名の釣堀があちこちにあるが、それらはルアー・フライ専用区をつくりだした。『国際』が頭につく名前の釣堀はチェーン店かと思っていたが、当時は横田や入間に来るアメリカ兵がいい客だったので、それぞれ別の経営だがみんな国際という名を付けたのだそうだ。

これらは、ちょうど六十年代のイギリスと同じで、その国ではそれまでたくさんの川が、庶民の入れないプライベートだったり、入漁料が高かったり、あるいは公共の釣場があっても魚がいなかった。当然、若い人たちは釣りをしなくなり、釣具業界は苦境に立たされた。そこで、考えられたのが止水での釣りで、湖や貯水池、砂利穴などあらゆる水溜りに魚が入ることになった。おかげで、釣具の売上げが六倍に跳ね上がったと言う。この現象はやがては釣場間の競争、淘汰へと進んでゆく。

管理釣り場では限られた狭い場所にたくさんの人間が押しかける。魚にしてみれば朝から晩まで、あるゆる種類のキラキラやら、ビラビラやらモシャモシャが頭の上から降ってくる。そして、何度か鉄鈎の味を知ってしまうと、魚はもう釣り人が望むような反応をしなくなる。ヨーロッパの優れた管理釣り場では釣人の数を制限したり、魚の管理に工夫をこらす。できるだけ自然の環境に近い釣り場を作ろうとするのだ。日本ではまだそこまで徹底して質の高さを求める管理釣場は少ないが、どんな形であれ日本の管理釣場は今までたくさんのフライフィッシャーを作り出してきた。どんなに魚がフライに食いついてくれなくても、その魚を釣るためにありとあらゆる裏ワザが使われ、磨かれ、そうして百戦錬磨の釣り人が出来上がった。

谷の底をちょろちょろと流れる、小さな渓流の釣場ではアップストリームのウエットフライをずいぶん勉強した。

私がキャスティングの修行をしたのも富士の麓の四角い池だった。あそこの桟橋に立ってサオを振ると、遠くからでもそれが誰だかすぐに分かる。衆人環視のプレッシャーが真剣を要求する。それらの場所へは今でも懐かしくなって出かけてゆく。夕方の人の居ない桟橋に立って、ヨネちゃんと富士を目がけてキャストし、小さなオレンジ&パートリッジで、二人でいくつも、いくつも魚を釣ったことを思い出す。小さな渓流では、強い雨が通り過ぎた後、濁った水の中から大きなヤマメが面白いように釣れた。それらはいい思い出だが、今のように人が多くなかった頃の話だ。

日本の管理釣場もこれから淘汰の時代に入るかもしれない。やはり良質な釣場環境を提供できるかどうかが生き残りの鍵になるのではないか、と思う。

鯉のぼり

コイノボリを天幕の入口に
立てた
下のスーパーで食料を買った時に
オマケで貰ったものだ
おかげですっかり五月らしく
なった
流れ込み横の台地には
カタクリの群生
いっせいの芽吹きで 山は緑に
燃え上るようだ
天気がいい
寝袋を干す
その上に横になったら
起き上れなくなった
昨日一日まじめに川を
歩いたせいだ

ユキシロのせいか 昨日は
釣れなかった
今日だって同じだろう
だから 今日はナマケ釣り師
長靴もはかずに
湖の岸まわりを泳いでくる
イワナか 夕方になると
流れ込みの沖でハネる
大きなやつを狙ってやろう
どちらも小生のウデで
タナウチできるとは思えない
が
ウララウラとした五月の
一日を埋めるスケジュールとして
はそれで十分だ
時間の残りは
流れ込みの台地で
広げた寝袋の上で
太陽に当って 山の
いい匂いをかいでいる

ヤマベ釣り

秋の連休は近くの川でヤマベ釣りをしていた。Tシャツ、短パン、ウェーディングシューズで、そのまま川に入る。脚の間を流れる水は冷たくて気持ちがいい。ヤマベは適度に気難しく、適度に大胆で、それが軽いサオを曲げると楽しくなる。太陽は皮膚を焦がし、空には入道雲。幸福感が拡がって、この人生も捨てたものじゃない気がする。

もちろん、この連休に遠出をすれば、高速道路の渋滞や釣り人の多い川が予想されるので出掛けなかったのだ。さいわいなことに、今では個人営業の私としては、休日でなければ山や川に行けない訳ではない。ところが、組織の中や、組織を相手に仕事をしていた頃の痕跡がまだ残っていて、ウイークデーに遊んでいると、何となく後ろめたい気になる。その一日を小魚相手に過ごすのはいい大人のすることだろうか、と思ってしまうのである。

考えてみれば、釣りなどという活動は人類が誕生した時から行っていて、その記憶のDNAは脈々と現在に至るまでわれわれの血の中に流れている。だから、その行為の中に無上の喜びを感じるのは当然のことだろう。現在われわれが仕事と呼ぶ多くの活動はつい最近、人類の歴史から言えば、瞬きをするくらいの短い過去に生まれたもので、自然と直接のかかわりをもたないものが多い。結果として、その活動に適応するための進化の追いつかない（進化という言葉がいいのかどうか分からないが）肉体が現代の仕事と仲たがいをして、種々の現代病を生み出すのも当たり前だ。人間にとっては釣りや狩りをしているほうが本来の姿であって、肉体も精神もこの方向でできあがっている。現代の生活のほうが人間の生き方に適合していないと考えるのは私だけではないだろう。

最近はあまり読まれていないようだが、私などが若者だった時代に『アウトサイダー』という、世界中で人気を博したベストセラーがあった。公園で寝て、図書館でその本を書いたのはコリン・ウイルソンというイギリスの若者で、この世は生きるに値するか、という古来からの命題に取り組んだ。多くの人にとって、人生は耐え難く退屈なものであり、日常のささいなことに縛られ、不愉快に日々を過ごす。その中で人生を意味のあるものとするためには、意識を覚醒させることによって、無上の幸福感を手に入れ、人生を積極的に見ることだ、と彼は説いた。そして、意識を覚醒させる方法を、たくさんの小説の中の人物や、哲学者の考えなどを例にとって説明するのである。この本を読んだお蔭で、私の人生はおおいにつらいものになった。意識を覚醒させるには生命を燃焼させることが必要だが、そのための活動はしばしば現代の社会生活の枠をはみ出さなければならず、一般的な休日を全てそれにあてたとしても、まだ不満足なのだ。天気の良い午前中、ビルの谷間で、街路樹の葉が揺れたり、強い太陽の影がコンクリートに黒いしみを作るのを見る時、あるいは花の香りを風が運んでくる時、山や川からの呼び声が強くなるのは釣り人の常だ。それを振り切ってオフィスに戻る時は人生が無意味に思えて悲しくなる。自分の生き方に疑問符がいくつも重なるのだ。

だから、声を大にして言おう。日常から自分を引き離したければ、少々後ろ指を指されようとも休みを取ればいい。さいわい、われわれ釣人は川に向かうだけで肉体的にも精神的にも幸福を手に入れることができる。釣りをすることに引け目を感じることはない。それは自分を充実させるための行為で、この複雑で巨大になりすぎた社会の中で自分を崩壊させないための方法なのだ。

そんなことを考えながらヤマベを釣っていたら、いまさら、まだそんな言い訳がましいことを考えている自分が嫌になった。もう先は長くないのだから、もっとも長くたって同じだけれど、明日、戦争が起きようともヤマベ釣りをしてやるぞ、と思った。

ブラックバス

ブラックバスの稚魚を飼ったことがある。近所の池で大発生をした。子供にまじって赤虫で釣ってきた。三センチほどのみな同じ体長で水槽に入れると、四十匹はいた。

毎日、イトミミズをやり、赤虫をやり、高い餌代についた。それでも釣り人を楽しませてくれるのは間違いなく、目を細めて縮尺を変えれば、六〇センチオーバーがウヨウヨ漂っているように見えないこともない。

ある日、目の前でとんでもないことが起こった。同じ体長の二匹が向かい合って口を開け、お互いに相手を呑み込もうとした。

それは、ほんの一瞬のことで、片方がもう一方の頭を咥えたのだ。口の大きさの差というよりも、むしろタイミングの差、ほとんど運のよるもののように思えた。どちらにも同じようにチャンスがあったに違いなく、運命を分けたのは偶然としか思いようがない。それは勝ったり負けたりする同じ力量の相撲取りの勝負のようなものだが、ここにはセカンドマッチはない。呑まれた魚は半分以上の身体が口から出ていたが、すぐに消化され、姿を消した。

翌日、共食いをした魚は突然大きくなった。一挙に他の魚の倍近くになったのだ。そして、他の魚を次々と食べて一匹だけがますます大きくなった。水槽は完全にその魚に支配された。食う側になるか食われる側にまわるかは最初のあの一瞬の勝負で決まったのだ。

この現象を見ていると、人類の出現も、生命の誕生も、そして宇宙の起源でさえ、神の意志や摂理ではなく、日常的な偶然の所産ではないかと思えてきた。その偶然の長い流れの先端に自分の危うい存在があり、不安にさいなまれたり、感情に引き裂かれ苦しんだりするのかを思うと、何だかひどくバカバカしくなってきた。

しばらく経って、自尊心を傷つけられることはなはだしいが、人生はこのバカバカしさの認識が出発点になるかもしれないと思いいたった。それで、だいぶ気が楽になった。

オクレバセナガラ

昼間、瀬の中で大きなやつを四つ掛けて、四つバラした。北海道の長いプールでは、条件の悪い中、毎日一つ掛けて、毎日一つバラした。もちろん、ウデが悪いのは承知だが、それにしても、どこかに反省点があるだろう。それで思い当った。ハリが悪いのではないだろうか。

当方は今まで釣具の進化にはあまり重きをおいていなかった。程度の問題で、馬素やテグスを使う訳ではないが、それでも毎日生まれてくる新製品やニューメソッドにはいつの頃からか反応しなくなった。それを追いかけると、ロッドやリールやラインの置き場がなくなり、フライボックスが筆筒からオーバーフローするという結果になったからだ。そして、これはヒョットすると、釣道具屋の陰謀ではないかを疑うようになり、あちらは命がけなのにこちらは遊びというテメエ勝手な魚釣りの論理と同じように、魚はそんなに短期間では進化しない（学習はするけど）のに、毎日進歩する釣具を使うのはどうも卑怯な気がしたのだ。どうせ遊びなら、便利だからという理由でボールペンを使うのではなく、書き味のいいファウンテンペンで書くように、振って気持ちのいい六角竿を愛し、美しさを優先して伝統的なフライを結び、フライフィッシングとして最も適したスタイルの釣り方で釣りをすることに落ち着いていた。魚はそれで同じように釣れたし、同じように釣れなかった。

ところが、この荒瀬の中での四尾の大物連続バラシは私のヤング・アット・ハートに火をつけた（ちょっとおおげさ）。そこで考え着いたのはハリの問題だ。やはり、釣具屋の片隅の段ボールの中にホコリを被って七十パーセント引きで売っていた、長軸のストリーマー用フックではダメみたいだ。なにしろ四つ掛けたのだから、そこに至るアプローチはとりあえず間違っていなかったと思っていいだろう。北海道での二つバラシの一つなどは、完全に掛かったと分かって、それから二度も合わせをくれたのに外れたのだ。

それで、オクレバセナガラ、魚の動きについて行けない長軸のハリのせいだと思い始めた。昔作られた外国製にはハリ先の問題もあるだろう。ついに最新兵器のイントルーダーを作ることに決めた。オクレバセナガラ。

　思いだした。シャルル・リッツがサケ釣りにチューブフライがいいと書いていたのを。それを読んだ時は、そのパターンがいいという意味だと思っていた。そして、気にもせずにずっとそう思い込んでいた。今になって分かる。

そうではなかったのだ。あの短いフックが自由に首を振るという構造と、重量を自在にできるという利点に注目していたのだ。

　オクレバセナガラ、私はイントルーダーを作るための材料を探して、釣り道具屋の餌食になるためにあちこち走り回った。

　結果はまだ出ていない。

車内放送

トンネルの出口だった。オーケストラは全ての楽器が音をだした。その二つが重なり合って、世界が輝き、トリハダが立った。笹子川が削った谷が眼の前に拡がり、空が大きくなった時、ラジオのチャイコフスキー、ヴァイオリン協奏曲の第一主題がトゥッティになって歓喜を叫ぶところだったのだ。

釣りに行く時や、帰り道でラジオをかけていると、景色と音が重なり合い、それに気持ちを吸い取られることがある。夏の盛り、奥多摩でイブニングを遅くまでやり、山裾の暗い道を走らせ、尾根を曲がると、突然頭の上に大きな花火が円を描いた。ちょうどタンホイザー序曲の重く英雄的な旋律が上り詰める最後の部分だった。それは後頭部を殴られたような衝撃で、大きな魚を釣った後の興奮を締めくくるにふさわしかった。

釣りと音楽は直接何の関係もないのだが、それでも自動車で川へ向かうことが多い現在、その行き帰りの車内放送は釣りの一部といってもいいだろう。人それぞれで、大漁を祈願し、漁師御用達、都はるみのCDを掛ける友人もいるし、長い高速道路を走るので、アメリカのトラックの運転手の定番、ウイリー・ネルソンを流しっぱなしにする友人もいる。

奥さんが末期がんで療養中の友人に頼まれて、釣りに連れて行ったことがある。看病疲れを癒すために羽根を伸ばしたかったのだろう。彼は日常を忘れ、二人で一日釣りをした。それから、私は友人を家まで送っていった。車が玄関の前に着いた時、モーツアルト、ピアノコンチェルト20番の第二楽章が始まった。ゆっくりしたピアノが美しい旋律を静かに語り始めた。映画『アマデウス』のエンドロールの中を流れ、誰も席を立たずに聞き入った曲。その友人も車から降りずにしばらくそれに聞き入っていた。それから、急に気が付いたように、「今日はありがとう」と言った。そして、サオとウェーダーをかかえて、日常へ戻っていった。心に大きな悲しみがあると、人はより美しい夕日を見たり、より美しい旋律を聞いたりする。彼はそれから何年かして、やはりがんで逝ってしまった。私には数ある釣りの日々の中でも、その一日とあの第二楽章が残っている。

釣りから帰っての翌日、釣具を片付けながら、私はモーツアルトのクラリネット五重奏を聞くのが好きだ。それは全く個人的な趣味だが、あの澄んだ、のびやかに拡がる音は新緑の谷や、岩の間を滑る透明な水、白い砂地に影を落としてゆらめいている魚の姿、そして若葉の間にちらちらと光る白い雪渓

を思い出させてくれる。だから、あの
クラリネットの優しい音は、私にまた
あそこへ戻りたい気持ちにさせる。

塞翁が馬

『人間万事塞翁が馬』という。悪いことがあってもその次には必ずいいことがある、という例えで、震災や戦争を体験した昔の人はよく口にした。明治の最後の年に生まれたウチのオフクロなんかも、お経のようにふた言目にはそう言っていた。この言葉以外に頼れるものがなかったのだろう。けれども悪いことの後には必ず良いことが来る保障などどこにもない。

今年の夏の北の大地で、われわれは悪いほうばかりを廻っていた。友人と二人で羽田から飛行機に乗った。地元で友人の一流のガイドにも付き合ってもらった。事前の情報は良かった。着いてみると、台風の影響で状況が一変していた。いいという川は増水し、澄んだ水色を求めて峠を越えれば、そこは渇水で魚は流れの底にネッパッタ（北のお国ことば）まま。放水が始まると魚が集まるという大きなプールでは放水量が見たこともないほど多すぎて、手も足もでない。激流の向こうでシャケのように大きなニジマスが跳んだのを一度見たきりだ。朝、放水が無ければライズがたくさん見られるという本流の瀬では、着いたとたんにサイレンが鳴ってゴミと共に水位が上がってきた。こうして、三日間、朝から晩まであちこちくまなく歩き回って、出来ることは全てやったのだが、今回塞翁の馬はどこにもいなかった。塞翁の馬は足が遅いから、もっと長い期間の我慢が必要なのだろう。けれども、このツキに見放された釣行は一緒に行った友人にいい作用をした。あちこちで釣りをして、大きな鱒も釣っているのだが、この川の強い流れのあのドデカイやつを引っ掛けて、川中引っ張り廻されたいという夢が生まれたのだ。

帰りの飛行機の中で思いついたことがある。あの大放水の激流の中で跳んだ巨大な鱒は、それを見せればお客がまた来るに違いないと、友人のガイドが仕込んだラジコンのロボットではなかったのか。私はひそかに疑っている。

濡れている

さっきから濡れている
ずっと濡れている
首筋からの滴が冷たい
魚は濡れないんだろうか

雨は降り続いている
竿の先には何も
引っ掛からない
夕方はまだ来ない
魚釣りを止める理由が
何も見つからない
それでまだ濡れている

古いバーバー

台風が秋を置いていった。雨が続いて気温が下がり、先週の猛暑が嘘のようだ。今日も雨が降っている。どこも増水しているが、上流のダムのお蔭で、濁りのひどくない川を見付けて一時間前に入った。

そして、今、柳の根元で、仲間たちが帰ってくるのを待っている。この木の葉っぱは疎らでたいして雨宿りの助けにはならない。古いバーバーの合羽もこの雨には太刀打ちできなくて、身体の芯まですっかり濡れている。さいわい、風はない。あったら低体温症で遭難だ。

増水した川がうねって、鈍く光り、河原を攻めている。対岸の山並みは低い雲の下へ足を突き出して存在を主張しているが、それも強い雨滴に白くかすむ。仲間はまだ帰ってこない。私は歩きにくくなった川岸と高い葦の防壁に早々と降参して戻ってきた。濡れたのはヤブを漕いだせいもある。汗をかいたので、内からの汗、そして外からの雨と、両方からたっぷり水を吸った。坐っていると、それがだんだん冷たくなってくる。思い出のつまった相棒のバーバーにも引導を渡す時がきたと思う。ゴアの上着を何枚も持っているのに、バーバーをいつまでも捨てられなかった。この雨がやっと決心をつけさせる。車の鍵は仲間が持っている。せっかくいい場所に入って、集中していたら、邪魔をするのは悪いと思って、電話は掛けずにずっと待っている。

考えてみたら、私はもう一本のスペアキーを持っている。けれどもそれは車の中だ。ウインド越しにキーの入った鞄が見える。この扉が開けば、乾いた着替えもあるし、雨も避けられる。残念ながら扉は開かない。喉も渇いているが、雨粒でも舐めるより仕方がない。それで、車の脇の柳の下でじっとしている。

バーバーの古さといい、キーを忘れたことといい、この雨を軽くみたことも、全てが反省材料だ。自然の中では経験を重ねれば用心深くなるが、同じく自信の積み重ねは用心を越して憶病すぎないように、それを帳消しにする。両方とも必要なのだが、うまく調整するのは難しい。下手をすると、いつまで経っても失敗がついて回ることになる。

もっとも、人生だっておんなじで、だから退屈しないのかもしれない。

夜の裾

黒い水の中は見えないが、あそこに大きなやつが居るはずなのだ。

岩が割った流れが崖に沿って波をたて、二本の柳で鎮められ、拡がって夕焼けを映す、あの始まりからの下流だ。太陽が芦の影を長く伸ばす、この時間、あの大きなやつはまだ崖下のエグレにへばりついているだろう。あそこまでは届かない。やっと届いても、フライは沈む暇もなく流れてしまう。

釣人は芦の間に坐って待つ。夕方の風が太陽を追いやって、黒くなりはじめた杉の木立が、色の抜けていく雲を引っ掻く時間を。水面に虫が現れて、下流へ向かって婚礼の準備に飛んでゆく。それでも釣り人はまだ動かない。大きなやつが出てくるのは、いつも一番最後だ。

夜の裾が水面をかすめ、世界がモノクロに変わる。釣り人は腰を上げる。そして、黒い水の中へ静かに入ってゆく。大きなやつが跳ぶのを見てから何日も通ったことがある。そして、ある日、それが鈎の先に掛かり、一瞬にして糸を切って行ってから世界にはその鱒だけが存在していた。あんなのが釣りあげられれば、人生が変わると思っていた。

釣り上げても、けっきょく、人生などちっとも変りはしなかった。それでも釣人は川へ向かった。特別大きな期待もせず、ただそうして、夜の一部となり、あの大きなやつと同じ水の重みを感じ、昨日のむなしい情熱が流れてゆくのを見るために、そして今日の満たされた孤独が眼を覚ますのを感じるために。

ブルーギル

魚を求めて一日中走り回り、結局一尾の魚にも触れず、走り回った疲れだけが残ることがある。小生の場合にはそれがしばしば訪れる。釣人にはそうした放浪型と一か所に腰を落ち着けて眼前の魚を徹底的に狙う瞑想型に大別できるかもしれない。放浪型は歩き回ることで精神に彩を加え、瞑想型は自分と向き合うことで精神を深く研ぎ澄ます。瞑想型のほうが釣りがうまいのは当然だろう。瞑想型は腰を据えて研究をし、技術と知識を磨く。放浪型はやる気のない相手にはストーカー行為を仕掛けず、色香には劣っても新しい相手を探しにゆく。そのため、あまり手管を磨く必要がないからだ。私が属している、放浪型はもう少し分析すると、飽きやすい性格もあるようだ。。新しいことには興味を示して熱心に取り組むが、それがルーチン化してしまうと、もう全く興味を失ってしまうのだ。だから、だいたい金儲けがうまくない。新事業にさんざん投資をして、それが軌道に乗りかけるともうつまらなくなってしまうからだ。

ミシガン州最高裁判事であり数冊のフライフィッシングの名著のある、R・トレーバーは、彼が魚を釣る理由の一つとして、ある日マーメイドが釣れるかもしれないから、と書いた。鈎が掛かって血だらけの人魚姫の顔など見たくもないが、夢を釣るというところに、釣りの面白さがあるのも事実だ。歩き回る釣人は夢を探しているのかもしれない。夢などなくても釣りは面白いと言うなら、ガラス張りの一尺四方の水槽にメダカを数尾入れて、それを毎日釣ってみるといい。それをどのくらい飽きずに続けられるか。一か月も続けたらギネス記録になるだろう。

先週、目先を変えて千葉の方へブルーギルを釣りに行こうという話になった。ブルーギルは数も多く、小さくても良く引くし、大きなドライフライに果敢にアタックしてくるから面白い、という話の延長だった。その話にのった同行者は二人。半ズボンにスニーカーで三人並んで、次から次へとギルを釣り上げるというイメージが頭の中にできあがった。気楽なバカンス気分だ。二時間も釣れば飽きてしまうから、というので朝もゆっくり出て行った。いつものように山の方へ行くのではなく、東京湾を横切るトンネルを通って、房総半島にたどり着き、目的の川を目指す。雨にはならないが、どんよりとした雲と湿気の多さは典型的な梅雨空。橋にぶつかると、川がとつぜん現れた。それは両岸を深い崖に削って、昨日の雨で濁りが入り、はるか下の方で光っている。とりあえず、目星をつけた橋の脇に車を止めると、ウェーダーをはいて釣りの支度をしているバサーがいた。ブルーギルを東京から釣りに来たと話すと、居ますよ、

この辺にも、と心強い返事。

「やっぱり、チェストハイでないとだめですか？」

「そうですね、河原がありませんから」

そう会話していると、バス釣りのボートが二艘、前を横切って行った。結構深そうだ。スニーカーに半ズボンでの釣りというバカンス気分は最初から粉砕された。そうして、ウェーダーをはき、急な斜面をへっぴり腰で川へ降りる。水に入ったとたん、眼の前で小さな魚が数尾跳びあがった。後ろを大きな魚がすごいスピードで追いかけている。バスのチェイスだ。釣人の血が騒いだが、持ってきたのは四番のロッドに十二番のカーフテールで、これで勝負にならないのは目に見えている。ヤマベのライズはあちこちで起きるし、バスのチェイスもあるのだが、肝心のブルーギルはどこへ行ったのか、まったく姿を見せない。一時間も釣らないうちに、どうも場所が違うような気がしてきた。他の二名も同じ意見だ。


　そうして、ギル探しの旅がはじまった。地図と車のナビの全能力を活用して、下流から上流まで、全ての橋、行き止まりの林道、廃屋の私道まで探検した。途中で狭い林道から脱輪させるというおまけまでついたが、無事自力で脱出。全てはブルーギルを見るためだ。ときどきサオを出すが、ヤマベとおおきなコイが見えるばかり。そうして、二時間ぐらいで釣りに飽きるどころか、川の両岸をうろうろ。気が付いたら、夕方になっていた。最後に下流のダム湖の流れ込みへ行った。バスは活性が高いようで、ときどき大きなのが釣り上げられて、歓声があがる。そのうちの一人に近づいて、おそるおそる、ブルーギルもいますか、と訊いてみると、いますよ、と言う。ただ、今日は見てないそうだ。どうしてだか、理由は分からないと言う。誰もギルの習性など気にしていない。そのうち、ボーと浮いているバスにエルクヘアー・カディスを投げて、アタックまではさせたが、フックが小さすぎるのか、すっぽぬけて、魚は大きなしぶきをあげて消えていった。そうして、一日が終わった。

　放浪型の釣師にはブルーギルも釣れなかった。この型の釣師のもう一つの欠点は情報を精査しないことだ。現地にいけば自分の足で歩いて探せるという変な自信がある。今回も帰ってから情報の出所を訊いたら、それは二十年前のものだった。

杖

ウェーディング・スタッフ

最初四つ足で、それから二本足になって、最後は三本足になる動物はナーニ？というのは子供の初歩的ナゾナゾだが、最近その三本足になりつつある。

もっとも若い時からギックリ腰を何度もやったので、その度に杖のお世話になった。付き合いはかなり古い。そして、私は杖が好きだ。仕事の旅先でギックリ腰になって、それを口実に新しい杖を買ったりするので家には何本もの杖がある。

いつの頃からか、山登りにストックが流行りはじめて、使ってみると具合がいいので、今ではストックなしでは歩けない。これももうかなりの年月になる。川の釣り用には、まだゴアのウェーダーがなくて、ラテックスのチェストハイなどという時代にウェーディングスタッフというのを一本買った。一、二度使ったが、使い方が未熟で、やっかいなだけだった。それで、そのまま物置の奥に放り込んで忘れてしまった。その後、もっと細身のものが出て、使い勝手がいいと、友人のプロショップにだまされて買ってみたけれど、これは力を入れるとしなり過ぎて、怖くて使えなかった。そうして、川の釣りはずっと杖なしでやってきた。考えてみると、釣りの場合はすでにもう棒っきれを一本持っているので、もう一本持つと、その二本をうまく操るのが難しいのだ。

最近、足元が覚束なくなって、それと大川での釣りが多くなって、忘れていたウェーディング・スタッフを引っ張り出した。中のゴムが駄目になっていたのを百円ショップのゴムで修理した。面倒をいとわず、使うのに慣れれば、これも具合がいい。棒切れ一本といえども、やはり道具は道具で、使い方ひとつで便利にも厄介にもなる。歩行の助けだけではなく、マムシ除けにも、川沿いの柿の実を落とすにも、イノシシとの格闘にも、チカン退治にも役に立つ。街で杖を突いている年寄りを見かけるが、残念ながら、杖の使い方の上手い人は稀だ。多くの人が最少の労力で最大の効果を上げていない。上手く使えば、もっと楽になるのに、と思う。

釣場では、歩く時は片手にロッド、片手にスタッフ。ウェーディングしない時は折りたたんで、腰のケースへ。ずーとウェーディングの釣りでは、スタッフのコードの端を腰のベルトに縛っておき、ロッドを振る時はスタッフを手から放して、泳がせてやる。少々慣れが必要だが、流れの状況で身体のどちら側に流すかを考える。またダブルハンドの釣りでは下の手の動きの邪魔にならないようにする。スタッフを身体の下流にできる水の渦に巻き込ませると、こちらを攻撃してくるので注意が必要だ。

たぶん、若い時は何事にもあせっていたし、そんな面倒なことに手間暇をかける余裕も気持ちもなかったのだろう。それに、足腰に力があったので、杖のサポートを必要としなかったのだ。今となっては、何事も急ぐ必要はないから、急いだところで、人生双六の上がりが早くなるくらいのことだろうから、あわてないで、杖の達人になるべく努力をしている。上手く使えれば、便利な道具だ。そして、いつの間にか私はフライロッドやピッケルと同じくらい杖が好きな人間になっている。

『チャダル・氷の回廊』という、テレビのドキュメンタリーを見たことがある。ヒマラヤ山奥の村に住む男達が、冬になると凍結する川を歩いて町へ収穫物を売りに行き、生活に必要なものを買って帰ってくる。谷が深くて、激流の川は夏には通行できない。冬、川が凍った時だけの通り道だ。旅は何日もかかり、男たちは大きな荷物を背負い、細い踏み跡の高い崖、雪の急斜面、凍結の川などを歩いてゆく。しかも彼らの履物は山靴や、スパイクなどではなく、スーパーの二階で売っているようなゴムの長靴だ。必ずしも無事に帰ってこられる保証はない。この旅に出掛けられることが、この村では男になった証拠なのだ。ある冬、十歳くらいの少年が初めて旅にでることになった。母親の心配は尋常ではない。少年の旅立ちにおじいさんが贈り物をする。それはおじいさん手作りの一本の杖。それをもらった少年の喜ぶ笑顔は忘れられない。一本の木の棒を貰っただけで、これだけの喜びを持つ少年の表情には心を洗われるものがある。その杖は男と認められた儀式のようなものでもあり、命を守るための旅の必需品でもあり、おじいさんとの絆でもある。本来、人間の貴重な結びつきとはこうした単純な行為に象徴されるものなのだろう。

私が杖を好きな理由が分かっていただけただろうか。杖を持つと私も少しは男になったような気がする。

五月の風

本流の脇でたっぷりの水がゆったりと流れている、イヴニングの釣りに最適な分流を見付けた。夕方に戻ってくるつもりだ。ここは当分誰にも教えない。半日以上歩き回って発見したのだから。心中、ほくそ笑みながら土手を越えた。眼の前に、代掻きに忙しい田んぼが拡がった。天気が良くて、緩やかな起伏の丘は新緑の林に煙り、後ろに白い頂きを空に突き上げた常念から白馬までの北アルプスの屏風が立ちはだかる。まぎれもない五月が輝いている。

田んぼの畔を横切って、農道へ出、それを左へ曲がると、北アルプスとは別の地平に白い山の塊が見えた。方角からして、中央アルプスの木曽駒あたりに違いないと見当をつけた。自信はない。空の高いところにトビが翼を動かさずゆっくりと舞っている。夏のような陽射しで、鳥がうらやましい。あの高さなら涼しいだろう。

農道を歩いてゆくと若い娘さんが、農耕機の落とした土くれを掃いていた。それは田んぼから上がった大きなトラクターが残していったもので、白く乾いて道路にこびりついていた。彼女はそれを一生懸命に掃いていて、長い農道の向こうから少しだけ掃いた跡がきれいになっていた。誰もいない農道で、そのままでも何の邪魔にもならないだろうし、雨が降るか風が吹けば自然にきれいになるに違いないのに。

近くまで来たとき、そうだ、彼女なら あの山が何か知っているに違いないと思った。

「こんにちは」と言うと、彼女は手を止めて、腰を伸ばし、「こんにちは」と言った。

大きな女優さんのようなサングラスをかけ、頭にはサファリハットのような帽子、顔の下半分は白い布をカーボーイが牛追いをする時のように結んで紫外線から防いでいる。長袖シャツはチェックの男物。

「あそこに見える山は何ですか」と私は訊いた。

「あれですか、そうねえ、天気がいいと見えるけど、なんでしょう。あんまり考えたことないわ」

「木曽駒ヶ岳じゃないか、と思うんですけど」

「木曽駒ヶ岳、そうね。そうかも知れないわ」

彼女の声はあいまいで、多くの土地の人のように、山は山で、食べられる春の草以外は雑草なのと同じで、それは地平の飾りで、それ以上のものではないのが分かった。それに彼女は外から来た嫁かもしれなかった。

「今の時期は田植えやなにかで、お忙しいんでしょう?」

私は話題を変えた。

「そう、でももう昔に比べたら…」と彼女は言った。「若いもんはみんな出

て行ってしまうから、出来る範囲でしかやらないし」

若いもんと言ったので、不思議な感じがした。そういえば、彼女の声は低くて、少しくぐもっている。「それに忙しくても、こんなに天気がいいと、なんだかとっても嬉しくなるの」そう言ってから彼女はすっかり私のほうを向いた。「朝うち、風が強かったけれど、収まってよかったわよ。わたしもね、ここで八十年暮らしてて、ずっと農業やってるけれど、今の時期はね、心がうきうきするの。朝起きた時から、ああ今日もいいなって、思うのよ」

彼女はまるで恋に胸躍らせる若い娘のように話した。

「それはお元気だからですよ」

「そう、うちはオトーさんも元気で、二人で農業やってんの。ありがたいことだと思うのよ」

彼女はそう言って遠くの山を見た。私はそれからもう少し話し、都会へ行った若者たちもやがて、ここがいいと言って帰ってくるかもしれないと言い、いつまでもお元気で、と言って彼女と別れた。


ただ、それだけの話だ。観光地化したこの盆地の、ソバ屋や、ミュージアムや、サイクリングの喧騒をよそに、川を渡ったこちら側の隅で、自分の生活にも、人生にも満足して、新緑の風に胸躍らせる若い八十歳に出遭ったことに、心が温かくなった。それはしばらく続いていた。

後記：後からネットで調べて、あの山は南アルプスの北岳や甲斐駒ヶ岳と判明した。

大鱒釣り

イギリスがＥＵから離脱するかどうかの投票結果が出た頃、スーさんは本流の広い流れを横切っていった。天気が良くて、もう本当の夏が来たように、青い空に白い雲が湧き上がっていた。あたり一面が光に満ちて、はるか上流で大きな瀬がしぶきを跳ね返している。しばらく続いた雨も、昨日、一昨日の一休みで川はもう透明度を取り戻していた。それでもまだ平水にはなってなくて、スーさんは最近増えた体重を最大限に利用して、イノシシのようにノッシノッシと渡っていった。上の瀬に入るようだ。こうして、スーさんと一緒にサオを振るのは久しぶり。

私は下の分流に入った。それは左岸の崖に大きくぶつかって渦をつくっている。遠くから見ると良さそうだったけれど、実際にサオを入れてみると、意外に浅くて可能性がうすかった。スーさんがなぜ対岸に渡っていったのかが分かった。それで、私もスーさんの目指した上流の大きな瀬に入ることにした。幅の広い瀬で、両側から釣っても問題はないだろうし、スーさんも許してくれるだろう。こちら岸を上がってゆくにしても分流は渡らなければならず、簡単に見えたが、途中で足が止まった。深くなって、水流が強い。そこが正念場で、ひと呼吸ほど気を落ち着かせて、腰に力を入れ、足を踏ん張った。二歩ほど我慢すると、急に楽になって、深い芦の根元に辿りついた。それから、深い芦と、河原の石の間を上流へ歩いて、荒瀬の下、スーさんの対岸へ出た。水深はたっぷりあるし、お互い七、八十メートルは離れているから、相手の魚を追い込むこともないだろう。スーさんは投げてはスイングを繰り返している。それを見て思いだした。なんでスーさんが本流を渡って行ったかを。スーさんは左ギッチョなので、少し開けた右岸のほうが都合がいいのだ。私のほうは、張り出したヤブでバックがとれないが、左岸は右ギッチョには不満はない。最近覚えたスカジットなんてやつで釣りだした。時々、後ろへ振りすぎるとフライがヤナギの枝にかかる。対岸でもスーさんが同じことをやっている。そのうち、距離が掴めてきて、それもなくなった。水流が強いからと、スーさんはラインを換えてタイプⅢにしたのを知っている。私はリーダーを長くして、コーンヘッドのついた重いフライを選んだ。そうして、ただロッドを振って、ラインを伸ばす。先でうまく泳いで鱒を誘っているに違いないフライの働きに耳をすます。トビがわれわれの様子を見にくる。空気の中に水と森の匂いが混じり、そして太陽はどんどん頭の上に高くなっていった。

向こうでスーさんのフライが底石に掛かり、スーさんはおどけて、大物が掛かったような演技をした。こちらを

見てニコニコ笑っている。その時、突然、スーさんと数々の川を巡った何十年か前の日々が甦ってきた。二人で少しずつ川の秘密を探りあてようとした若い日々。明日のことなど考えもしないで、テントと寝袋だけを持って過ごした、高速道路と林道、峠道と深い谷。柳の若葉が風に震える広くて白い河原や、深い緑に沈む大きな淵、イノシシのヌタ場の横で過ごした月明りの夜。

行く先も決めずに毎日の思い付きで巡ったアルプス周辺の谷、日本海沿岸の川、そして毎年恒例になった北海道での釣り。生まれも仕事も生活環境もまったく違うのに、魚を釣るという行為だけがそうして二人を結びつけた。

それから、それぞれの仕事が忙しくなったり、生活の変化があったりで、なかなか会えなくなったり、一緒に釣りにいくことがなかったりした。年を取るにしたがって、それぞれの社会とのかかわり方にも違いができて、それぞれ別々の意見を持つようになったりした。しかし、こうして、大きな流れに立って、太陽と草いきれの中で二人してサオを振っていると、そんな現実の問題などまるでとるに足りないことで、イギリスのEU離脱などドーデモよくて、二人して青春の光を取り戻し、この流れの中に潜んでいる大きな鱒を探りあてることが人生の目的であるかのように思えてきた。

その流れの中で、大鱒はどちらのサオにも引っ掛からなかったが、それもドーデモいいことだった。

後記：スーさんは二〇一八年の暮れ、とつぜん一人で帰らない旅に出た。私は時々スーさんの好きだった川でサオを出す。そして、柳の陰からサオを持った彼がひょっこり現れるような錯覚に襲われる。

釣師失格

何日か前から山の小屋にいる。今朝、起きたらいい天気。高い枝の間に青い空が見える。朝飯の食器を洗ってから、空の青さに誘われて車をだした。道を下って、森を抜けると眼の前に広い盆地が拡がる。遠くの山が紫色に連なって地平を飾る。それを見るだけで、心が膨らんでくる。水田の稲はもう重く穂を垂れて、陽の光には秋の色が混じっていた。とくべつ、どこへ行くという当てもなく出てきたのだが、河原が広くて、空が大きい本流の流れで、瀬のしぶきが光を撥ね散らかしているのを見たくなった。

昔、渡しがあったところへ車を止め、長靴をはいた。そういえば、修理をしていなかったので、今日もやがて水が滲みてくるだろう。天気がいいから問題にするほどのことではない。

夏の本流の釣りの面白さを教えてくれたのは、モッちゃん。その頃さんざんウェットの釣りに凝っていて、ついに夏のさなかにアユ師の隙間に入って、川底の大マスを引っ張り出すことを考えた。当時はそんなことを考える人はいなくて、モッちゃんはそれを実践して、成果を上げた。その話を聞いて以来、私もその釣りに憧れ、ずいぶん通った。そして今でも大好きだ。水温の上がる時期、魚は酸素量の多い、荒瀬の底にへばりついている。それを探しあてるためにキャストを繰り返す釣りで、確率は極端に低いから、万人向きではないが、当たったときの精神的、肉体的衝撃は半端なものではない。一度味あうとしばらくは憑いて回る。

その上、この釣りは釣れればラッキーという釣りだから、釣らなければならぬ、という義務感から解放される。今日もそうだが、最初のうちは何かと気持ちを集中して、キャストごとに、作戦をたて、戦術を工夫してフライを泳がせるのだが、何の反応もなく長い瀬を流してゆくと、やがて気持ちは身体から抜け出して、山の峰に流れる雲と一緒になり、トンビの目で自分を上から見ていたりする。そうして、同じ動作を機械的に繰り返しているうちに、いったい何のためにそうしているのだか、目的意識があいまいになってくる。流れる水の中に立ち、辺り一面に跳ねかえる光を受けて、たとえようもない幸福感が全身を満たしはじめる。それは、このせせこましい人間社会から切り離され、まとわりつく人情やしがらみから解放された自由の味なのかもしれない。魚釣りが漁獲高の競争のためだけだとすれば、こんな自由は味わえない。そこには義務感と緊張と追い立てられる焦燥感がある。そんなものは現実の生活の中だけで十分で、魚釣りの中にまでもってきたくない。

ヨーロッパ三大北壁の一つ、グランドジョラスを一週間前に登ってきた友

人と、ミディー針峰からプラン針峰への縦走へ行ったことがある。四千メートル近くの雪の頂稜を行くルートで、逆光に彩られたまわりの峰々や、砂糖菓子のような崩壊する氷河、光のなかに突き出した岩峰の群れなど、メール・ド・グラスを取り巻く雪と岩の王国の全てが良く見えた。

「山がこんなにきれいだったとは知らなかったよ」と何十年も先鋭的な山登りをやってきた友人が初めて山に登った人のように言った。大登攀を終わって初めて、この優しい山稜で、挑戦から彼の心は解き放たれ、山の美しさを味あう自由を得たのだった。

われわれ釣師は釣師の眼で川を見る。キノコ採りはキノコ採りの眼で森を見る。実業家はどうすれば金儲けにつながるかを考えて世界を見る。絵描きは世界をどう絵にしようかという下心で世界を見る。詩人はどう世界を詩にするかという思いで世界を見る。それらは色のついた、乱視を起こすメガネを掛けているようなもので、だから、詩人が詩を忘れ、絵描きが筆を置き、実業家が金儲けを、キノコ採りがキノコをそして釣師が魚釣りを忘れた時、その眼には完璧な世界が映り、たとえようもない自由の感覚を手にすることができるような気がする。禅の境地に似るが、そしてボーズは何年も修行してそこに辿りつくが、ボーズに慣れた、釣れない釣師は、釣師失格を覚悟するとき、意外と素直に、もうそれを手にしているのかもしれない。その自由の感覚は、複雑に入り組んで人間を押しつぶす現代社会の中で、個人が崩壊しないために必要な唯一の場所なのかもしれない。

夏のままなのに

ビロウドのような光が
あたり一面に跳ねて
サオの先に秋が止ったような
気がする
まだ夏のままなのに
夏が行ってしまう気がする
風がヒンヤリとした

キノコ採り

「ヤマシロさんに一度食わせてみたいキノコがあるんだけど・・・」

「どんなキノコ?」

「シイタケみたいな地味なキノコで、味はマズくもなくウマくもない」

「ドクキノコ?」

「当たり! どうして分った?」

「いやに親切そうなことを言うから。柄にもなく。それで、食べるとどうなるの?」

「一週間は何事も起こらない。そして、一週間後、身体中の関節という関節に焼け火箸を突っ込まれるような痛みが走る。そして、それが三週間続くんだそうだ。大の大人が、殺してくれーって、叫ぶそうだよ」

「なんでそれをわたしに食べさせたい訳?」

「ヤマシロさんがどの位辛抱強いか試すため」

「そんなもので試さなくたって、わたしはゴーモンって言葉を聞いただけで、全て吐いちゃいますよ」

「それでね、結局はこのキノコ、ドクササコっていうんだけどね、これを食って死ぬことはないんだそうだ。しかも、それだけ苦しんだんだからその後もうキノコ採りはやめる、という人もいないそうだよ。そのくらいキノコは魅力があるんだね」


ぼくたちは日光の奥の方へキノコ狩りに行くヤマシロさんの車の中で少々興奮していた。小生のキノコの話は全部、本で読んだ知識で、経験に裏打ちされないキノコの知識などは山では何の役にもたたない。一度だけ例外があって、山梨の川へ釣りに行った時、大きなピンク色のキノコを見付け、それは図鑑からの知識で、すぐにマスタケに違いないと思った。持って帰って、すずらん山荘のフルヤさんに見てもらったら、そんなに大きくて硬いやつは食用にならないと、即座に廃棄された。でもそれは本当にマスタケだった。もう一度は、西湖の脇の十二ケ岳へハイキングに行った時、山の中が赤くなるほどタマゴタケがでていた。持っていた図鑑に照らし合わせてみた。これは猛毒のベニテングタケに酷似するのだが、赤いカサの上にツボの残りの白い点々がないので、どう見てもタマゴタケ。良質の食菌と書いてある。食べると美味いという意味だ。多量ではなく、いくつかを持って帰って、おそるおそるオムレツにして食べてみた。白状するが、キノコ名人のお墨付きを得ずにシロウトが本の知識だけで、そこに踏み切るのはバンジージャンプの恐怖感に匹敵するものがある。恐怖が勝って、タマゴタケは胃袋へ送り込んだがどんな味がしたかは記憶にない。それでも一週間経って、何事も起こらなかったので、少々自分を褒めてやりたい気になった。

そんなこんなで、魚が釣れなかった時、小生の場合それはしばしばあるのだが、そくざにキノコ狩りに転職できるようこのへんで一度勉強をしておこうという話になって出かけてきたのだ。今日は源流の大イワナ釣りで有名なウエノさんが、キノコの手ほどきをしてくれる。ウエノさんはキノコ採りで家を一軒建てたという名人だ。

長靴を履いて、安曇野で買った竹籠を腰に付けたまでは良かったが、クマスズと山鉈を装備したら、名人にすぐにシロウトと見破られてしまった。名人にしてみると、スズなどつけていたら山中の他のキノコ採りに自分が見つけたキノコ畑を知らせるようなもので、はなはだ面白くない。

名人のお蔭で、その日はアミタケ、ハナイグチ、クロカワ、ショウゲンジ、サクラシメジ、ホテイシメジ、クリフウセン、トキイロラッパタケなどなどが収穫できた。どれも美味くて、キノコ探しは当分止められそうもない。トキイロラッパタケは小さくて採るのが面倒だし、そんなものは食わないと名人が言っていたが、これと同属のアンズタケはフランスでは最も人気のあるキノコの一つだ。二年ほど前、ノルマンディーの釣り宿で鹿肉の付け合せに、現地で〝死人のトランペット〟と呼ばれる、クロラッパタケがでたが、同属のこの黒いやつはめっぽう美味かった。日本であまり人気がないのは、アミガサタケなどと同じように、ミソや醤油を使う料理法には向かないからかもしれない。それで、帰ってからこのトキイロラッパタケは干して、どんな料理にするか思案中だ。

名人は帰りにマイタケやコウタケ、マツタケなどのお土産を多量に持たせてくれたので、しばらくは腹の中にキノコ菌が充満することになるだろう。その効能で世の中の不具合に少しは腹が立たなくなるといいのだが・・・・。

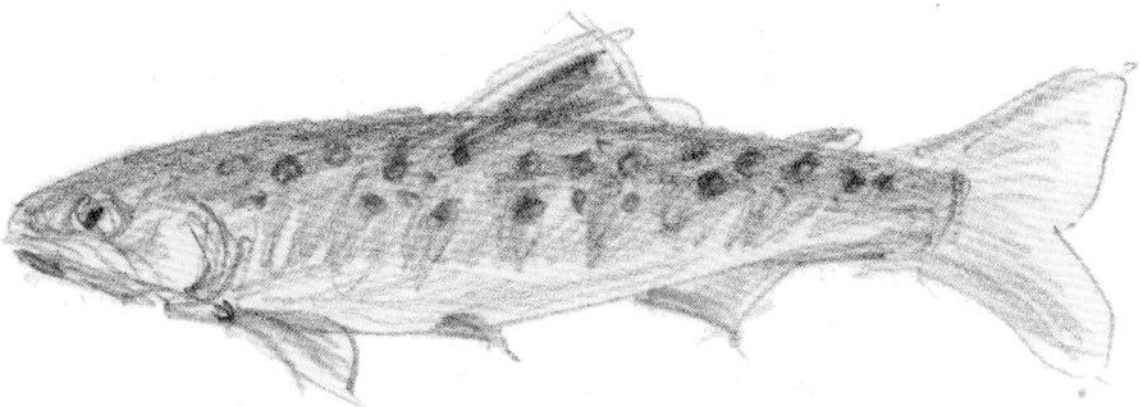

冬のはじめに

　川が閉じると、とつぜんあちこちに魚が姿を現す。シーズン中はまるで沈黙していた川なのに。彼らにも禁漁の看板が読めるのかもしれない。
　細い渓流沿いの道を歩いてゆくと、すぐ脇の浅瀬に大きなヤマメの姿が見える。ペアーになって恋に夢中だ。夏の間は一日に何人もの釣人が通り過ぎる谷は静かにまどろんでいる。秋の光線が黄色や赤の木々の葉に当たり細かく震える。落ち葉の地面は暖められて、ピート混じりのウィスキーのような良い匂いがする。小さな流れの谷間の道では魚が見えても見えなくても、豊かな一日を持って帰ることができる。
　大きな川の広い河原を歩くのもいい。夏には熱気のよどんだ草の原も、今は頬に冷たい風が気持ちいい。昨日、再発した腰痛のリハビリを兼ねて久しぶり広大な草原をうろついた。車の通れる道を離れて、踏み跡を辿ってゆくと冒険心をそそられる。茂みを抜けたとたんにブルーの屋根の孤独な住民に出合うこともあるが、そんな時は、彼の平和を乱さぬように、踏み跡から外れて藪の中へ突入する。ズボンには草の実の刺繍がほどこされる。この原で出会うもう一種類の孤独な人はバードウォッチャーで、大きなレンズのカメラと双眼鏡を下げているのですぐ分かる。彼らも草原をひっそりと歩き、何時間も辛抱強くシャッターチャンスを探す。先ほどもその仲間に遭遇して、対岸の崖に下がった枝にミサゴが居るのを教えてもらった。しばらく話していると、ミサゴは枝から真下に跳び下りて大きなコイを一尾獲った。枝の下に、コイの集まる溜りがあるようだ。ミサゴは手を抜いて、飛び回りもせず、お得意のホバーリングもせず、ただ跳び下りて食いものを手に入れている。うまいところを見付けたものだ。しばらくは動かないだろう。今度来るときは双眼鏡を持ってこよう。
　秋の台風のせいで本流から暴れた水流の跡が芦の根元で行き止って細長いプールをつくっていた。そこまでヤブを漕いでやって来る人間はほとんどい

ないに違いない。逆光にひかる水面にちいさな水輪がたくさん現われては消えた。今年生まれたヤマベの子供が元気よく小さな虫を追って跳ねている。芦を分けてもう少し進むと、とつぜん辺り一面から白い布のようなものが湧き上がった。それは長い首と優雅にはばたく鳥の姿になり、空中へ舞い上がった。コサギの群れがここで休んでいたのだ。脅かして悪いことをした。空を一回りすればまた戻ってくるだろう。

茂みの弱点をぬって歩いてゆくと、丸石と砂利の拡がった浜にでた。草地と浜の境目は小さな土の崖になっていて、降りようと腰をかがめると、羽軸つきの羽根や、タイイングの材料でマラードと呼ぶフェザーが散らばっているのに気が付いた。日本の冬をめがけて到着したばかりのオナガガモみたいだ。ハヤブサがここで調理したのだろう。遊歩道や自転車道になっている土手からほんの数十メートル離れただけの場所でドラマが演じられたのだ。

丸石の河原を上流へ向うと、雲の間から夕日が射して、芦原を明るく染めた。浜が突きだして浅瀬になったところにおびただしいウの群れが休んでいた。アユはもう落ちたので餌はほかのものだろうが、あいつらのお蔭で川の魚はだいぶ減っただろう。釣人の本性がでて、あいつらは増え過ぎると思ったが、そう考えたら、人間種も増え過ぎて居心地が悪くなっているな、と思いいたった。

そうやって冬のはじめの午後をうろついて、ただぼーっと陽の沈むのを見て、機嫌よく帰ってきた。

貧富の差

あの毛鉤を使わないで
この毛鉤を結ぶ
魚を狙うか 水を探《さぐ》るか
その選択には どうもその人の人生が
反映しているような気がする
計算通りにいかないと気が済まない人
計算よりも思い入れを優先する人
見える魚を釣る人
見える魚よりも夢を追う人
たくさん釣らないと満足しない人
三尾釣れば十分な人
釣れないと不機嫌な人
釣れなくてもニコニコしてる人
そんな違いが
漁獲高と同じで
どうも貧富の差を分けるような
気がする
もちろん 釣れなければ不機嫌に
なるくらいでなければ
社会の上昇気流には乗れやしない

しかし、貧富の差はあっても
人生の違いはあっても
釣りの楽《たの》しみは公平で
百戦練磨《ま》の釣り師で
求道者のような修行をした
ビッグ・ジム・ライゼンリングは
その釣りのノートにこう書いた
We fish for pleasure
I for mine, you for yours.
(みんな楽《たの》しみのために釣りをする。
私は自分の、あなたはあなたの
楽《たの》しみのために)

技術書の効能

人間が集団で生活していると、その日常生活の摩擦の中で眼に余ることとや腹に据えかねることがままあるが、ましてや自分がそれに巻き込まれていれば、血が逆流することも稀ではない。夏目漱石は若くして、そのうっとうしい袋小路からどうやって抜け出そうかと考えて、三十九歳で『草枕』を書いた。人の世は住みにくくて、住みにくさが高じると安いところへ引っ越したくなる。そして、どこへ越しても住みにくいと悟った時、詩が生まれて画が出来る、といきついた。夏目先生は三十九歳という若さでそこに気が付いたというのがすごい。私など考えがそこに到ったのは七十歳を越してからだ。たしかに、政治家のように毎日ケンカをしなければいけない職業から考えれば、空の色でも眺めて地球の向こう側になにがあるのか想像しているほうがずっと気楽だ。

ところがこの行きついた先も、毎日文字を眺め、色をこねていると、脳みその中で、それらが飽和状態に達し、刺激に反応しなくなってしまう。サオを担いで枯野にでもでかけていったほうがいい。

いろんな事情で出掛けられなくなった時、救いになるのが技術書だ。その無味乾燥さが心に滲みる。へんにこちらの感情を揺すったり、もてあそんだりしないから、気楽に付き合える。

元来、技術書というのは何度も繰り返して読まれるべきものだ。それを読んで、内容が理解できるということは、その技術をすでにマスターしているといってもいい。その技術のやり方が分からなくて、ヒントを求めて読んでいる時は文章の中のキモの部分を見逃していることが多い。その技術が実践できるようになって読み直してみると、ソウカ、だからこんなところに、こんな一行があったのだ、と発見、自省するのである。そうして、ダブルホールがうまくなって、対岸のバンク際の大マスが釣れる気になってくる。

精神が飽和状態に達した時には、本棚から古今東西の技術書を引っ張り出して、開いたページを読む。もう何度も読んでいるので最初から順番に読む必要などまったくない。こうして、小説や詩、オペラや印象派やロマン主義、モダンやフリーを頭の中から追い出して、ドラッグをかけないでフライを流す方法を読んでいると、心は行間をさまよい、春の微風が水面にさざ波を立てるのが見えてくる。ボーナスの少ないのに呆れ、あちこちの忘年会の付き合いに飽きて、年末のファミリー・イベントに疲れたら、ストーブの横に寝転がって技術書を読んでみるといい。人付き合いにもつれて、硬くなったノーミソの皺がすこしほぐれるかもしれない。

雲を追いかけて

冬枯れの広い河原を歩くと、関東平野の晴れた空には猛禽類が見える。その時々でトビやオオタカ、ハヤブサやチョウゲンボウなど。風の強い日、河岸段丘の斜面に沿って上昇気流が生じると、それに乗って翼も動かさず大きな円を描きながら高く、高く上がってゆく。地表近くにいる時にはカラスに追いかけられたりする彼等だが、こうして高く上昇して雲の陰へ消えてゆくのを見ると、孤高で、俗世間を離れた姿勢が輝いて見える。ときには空の黒い点に双眼鏡をあててみるとそれがカラスのこともあって、カラスの中にも冒険家がいるのが分かる。鳥たちはなんであんなに高く舞い上がるのだろうか。小説『かもめのジョナサン』ではないけれど、彼等にも飛行高度記録を塗り替えたいという欲望があるのだろうか。

イギリスで産業革命の時代、経済実利の論理で全てを分析しようとするため、動物の行動は必ず食事や生殖などに関係した目的があるという説が流行した。ある学者がバードウォッチングの愛好家の集まりで、「この説を講演し、鳥の囀りには自分のテリトリーの宣言とそれを守るための働きがある、と説いた。ひとりの老婦人が手を上げて質問した。

「それでは、カラスがほかの鳥の鳴き声をまねるのはなぜなんですか？」

もちろん、この学者はそれに対する答えを見付けることができなかった。

現在では人間以外の動物にも遊びがあることは良く知られている。カワウソの親子は川岸の土手を滑り台にし、飽きもせずに上り下りするし、九官鳥やオウムは鳥籠の中で退屈して、そこから眺めた人間社会の愚かしさに人間の言葉で罵声を浴びせる。そんな遊びは動物の子供たちが生存に必要な能力を獲得するためのトレーニングとしての遊びとは一線を画すもので、純粋な意味での遊びのように思える。チョウゲンボウがあんなに高くまで上昇したところで、昆虫やハタネズミが獲れる訳でもなく、カラスがそれを真似したところで冷たい空気の塊に出合うだけで、誰かに褒められるわけでもない。彼等は風と遊んでいるのだ。それらはまったく無償の自分だけの行為で、だからこそ遊びと言えるのだろう。

われわれは美しい音楽を聞いた時、トリハダが立つ。あるいは一行の文字の組み合わせが心に突き刺さり涙があふれたり、闇の中から現われた一筋の色の輝きが至福の瞬間を産み鼓動を早くする。そのような生理現象は実利の世界とは何の関係もない。それらは、おそらく長い進化の間に培われた遊びの生理の集大成されたものではないだろうか。それらは単なる快感を求める旅ではない。誰も褒めてくれる訳でも

ない山の頂上を目指したり、一本のサオを担いで、その日一日機嫌よくあてのない川筋を彷徨する時、われわれは目先の実利や、不安や、争いから離れて、あの高い雲の連なりを越えてゆくタカたちのように、もっと遠くの世界が見れるようになるのかもしれない。

イブニング・ライズ

この言葉をつぶやくだけで
釣人の暗い頭の中に
白いカゲロウが飛びあがり
鱒の甘い香りの淵で
銀色の水面の割れるのが
見える

けれども
すべての鱒が思いをきいてくれる
訳ではない
夕方になれば魚が動くと考えるのは
釣人の妄想だ
北風が水面に爪痕を残すだけの
春の夕方
谷間山の上に降った雨が
濁流を押し出す夕方もある
あるいは 虫が出ているのに
水輪の見えない やりきれない夕方
待ちきれなくて ロッドを振っても
反応のない夕方
期待外れの夕方はいくつもある

釣人は
そうした たくさんの
夕方をくぐり抜けて
やはり イブニング・ライズに期待する

昼の名残りが対岸の木立から
抜けると
鱒の前触れの最初の風が
柳の葉先をゆらし
水面に黄色の花がぽつんと開く
セキレイがそれを見付け
羽根を拡げて宙返りをする
ニセアカシアのシャンデリアが
点るころになると
セキレイはコウモリに座敷をゆずり
トビケラの編隊飛行が
上流を目指す
そしてためらいがちな
水輪の拡がりは
元気な魚たちの宴会に変わる
その イブニング・ライズに
出合うために
釣人は川岸の岩に坐って
今日も鱒が降りるのを待つ

クラウディ・スカイ

2/18SAT.17:00, Cloudy sky,
Wind of the west-northwest,
Wind velocity:5.7kt/s,
Temperature 35.6° F.

同行のクロイシさんが私のスケッチ・ブックにその時の空気をそう書いてくれた。解禁三日目の犀川橋下流。朝会った地元の釣人が親切にいくつかのポイントを教えてくれて、夕方になって二人でそこへ入った。釣人は、このところすっかり川の流れが変わってしまったと嘆いた。以前は水草がそよぐ流れで虫もたくさんいたのだが、砂で埋まってしまったそうだ。そのせいか、寒さのせいか解禁直後だというのに河原に釣人の姿は見えない。二人で五〇メートルほど間隔を空けて長い瀬を釣り下っていった。瀬脇にできた水深のあるエグレに魚がついていそうな気がして、なんとかそこへフライを送り込む努力をする。まわりの景色が視界から消えて灰色の水の輝きの底へ意識を集中する。

　ロッドチップを下げたのでフライは少しは沈んだだろうか？　水波が撚れた下には底石があるんだろうか？　それならばその脇をこすってみたい。おおきな奴がついているかもしれない。本筋の水圧に蹴られたフライが瀬脇のタルミをスイングしている、魚が追って来てるとすればもう食うぞ！　食うぞ！　食うぞ！

などとモウソウが頭の中をぐるぐると走りまわる。そうして、次の一投に掛けてキャスティングを繰り返すのだ。

　それが長く続くと、やがてあまりにも反復されたモウソウの刺激は色褪せて、ノウミソはもうそれに反応しなくなる。キャスティングは機械的になる。そして、景色が甦ってくるのだ。腰を伸ばすと、頭上に哀れな釣人を見に来たトビが低空で輪を描く。林の向こうで家々の窓に灯りが光りだす。景色は見る人によって異なった印象を与える。橋の上を家路へ急ぐ人にとっては、暗い水の中に杭になっている釣人は寒々しく映るだろう。けれども魚がやって来ても、やって来なくても、営業の電話や、呑み会の付き合いや、未成年の孫の朝帰りや、認知症の母親などの現代社会を生きていく上で支払わねばならない日常から解放され、この夕方の薄い光と、指先の凍る寒さに護られて、釣人はなにものにも換えがたい自由の中で幸福のぬくもりを満喫している。

　先を行く黒石さんはもくもくとロッドを振っている。いっこうに止める気配がない。それで私も続いている。

「だってシバノさんが止めないから」と黒石さんは後で言った。

「だってクロイシさんが止めないから」と私も言った。

転んだ後の杖

二週間ほど前、ひとりで出掛けた山道で転んで足首をひねった。枯葉の積もった急な下りで、枯葉の下が凍結の緩んだ土で滑やすくなっていた。さらにその下には氷の土台が残っていた。ずいぶん用心していたのだが、下りの歩行リズムの惰性と一瞬の気の緩みが転倒に結びついた。右足が枯葉を踏んで滑った時、左足は岩の上に乗っていた。ビブラム底がしっかりと岩を捉えていたので、滑った時、身体は反射的に左足に体重を移して踏ん張った。だが、それでは支えきれなくて、右足から落ちた。そのせいで、捩じれが足首に集中したのだ。転んだ時にニブイ音がしたのだが、身体のパニック反応が収まってから、横になったまま山靴の中で足指を動かしてみると、痛みもなく動いたので、とりあえずは折れてはいないと判断して、ゆっくりと立ち上がってみた。左足は地面に着けると悲鳴がでそうになる。杖を頼りに体重を掛けないようにして、何歩か歩いた。歩けば楽になるかと期待したのだが、そうはいかなかった。ザックから救急袋を出し、ボルタレンの錠剤を二つ飲んだ。ほとんど人に会うこともない場所なので、いずれにせよ、我慢して歩いて帰るより仕方がない。

左足は平にうまく置いてやると痛みが我慢できることが分かった。もっとも平らに置けるところなどほとんどないのだが、ランプもあるし、夜までかかってもかまわない。腹をくくって杖を頼りに一歩一歩に集中した。靴先を岩にぶつけたり、爪先が内側に曲がると痛みで転びそうになる。凍った急なガレ沢なので、転ぶわけにはいかない。十歩ごとに休んで気合を入れた。そうやって、落石の詰まったガレ沢を三本横切り、急な山道を高度差四五〇メートル下った。足首を痛めたのは駐車場まで一時間の下山途中だったのは幸いだった。結局、四時間ほどかかったが無事に車まで帰りついた。沢に魚影を探す余裕はさすがになかった。

靴を脱いだら一気に腫れて、クルブシがなくなった。左足でよかった。車が運転できたからだ。帰りにカフェ・ネロへ寄って、翌日のクライミングにいく約束を取り消した。

病院でレントゲンを撮ると、足首の上の骨にヒビが二本入っていた。これで一か月は川原を歩けない。

二年ほど前、長年の腰痛が悪化し、坐骨神経痛がでて歩行困難になった。脊柱管も変形していたが、スポーツ・トレーナーをやっている整体師と出合って、ストレッチと運動で手術をしないで克服した。ほぼ一年かかった。現在は自分で腰痛の前兆も認識できるし、その対処法も身に着いた。ポンコツ車はそれなりにダマシダマシ使わなければならない訳だ。おかげで、自分

が今までどれほど自分の肉体について無知であったか、どれほど肉体という自分の道具を無茶に酷使していたかがよく分かった。酷使にはいろいろな方法がある。私の場合は、長い間、仕事と称して、机の前に座りっぱなし、神経の張りつめた会議の連続、夜の宴会、短い睡眠時間、つまりはあらゆる都会人の平均的な生活だった。人間の肉体というのは何百万年にもおよぶ狩猟採集生活の中でそれに適応するようにつくられてきた。多くの時間を歩行し、走ったり、しゃがんだり、跳びあがったりする生活だ。一日の大半を椅子に座って過ごすような生活はむしろ異常な状況なのだ。それは人類の歴史の中では一瞬の瞬きをするくらいの時間でつくられた生活で、肉体も生理もその新しい生活形態に適応するように変化しきれていない。つまりは、部屋の中でじっとしていることが肉体の酷使なのだ、と私の場合は自分で納得した。そして、それを言い訳にして、ときどきは転んで痛い目をしたとしても、都会生活から自分を解放し、より快適な自分を見付けるために、サオを担いで川の中に光を探し、杖を突いて高い山へ雲をつかみに行く生活を続けている。

折り合いの付け方

「フライを失くしたから、もう止めようか！」

と言ったら、眼の前で大きいのが跳ねた。跳ねるというより、魚雷のように太い銀色の物体が垂直に飛び出した。一瞬、空中に止まったように見えたが、次の瞬間それは垂直の姿勢を保ったまま落下し、豪快水なしぶきを上げて消えた。

陽はもう背後の山影に廻って、その最後の名残も水面から立ち去ろうとしていた。

「あれはまだあそこに居ますよ、もう一回やってみれば？」

「フライを失くしたから、もういいよ」

「わたしはまだ見えますよ、結んであげるから、もう一回やってみて！」

スギちゃんがそう言って、よく見えるように大きな白いフライを結んでくれた。高く伸びた後ろのヤブが闇をさらに濃くした気がする。そうして、スギちゃんの監視の下に放水口からの強い流れが、うねって次から次へと押し寄せる筋にフライを投げた。その魚は瀬脇でも、巻き返しでもなく強い流れの真ん中にいた。大きくて力の強い魚だ。あんなのを釣ってみたかった。それからしばらくの間、黙ってフライを投げ続けた。スギちゃんは大きなネットを持って後ろの草の上に坐っている。彼はそこに大きなやつがいるのを知っていて、私を連れてきてくれた。

もう水面が空の白さを照り返しているだけで、景色は夜の底に呑みこまれた。天地の境があいまいになり、強い流れで重力の方向が乱され、水の中に立っているのが不安になった。

その後、魚はもう姿を見せなかった。

「もうお仕舞だね」

「あれからはライズしませんでした？」

「あの一回だけだったね」

「そう、いい時はあんなのがいくつも姿を見せるんですけどね。今日は残念でした」

「でも、大きいのが見れたからいいよ」

「いるのが分かってもらえただけでも良かったです」

それで、ぼくたちはサオを担いで、急な斜面につけられたヤブの中の踏み跡を上がっていった。


イブニングに小さなフライを使わなければならない繊細な釣りをしなくなってだいぶ経つ。老眼のせいで小さなアイに糸が通らなくなったからだ。釣りを始めた頃はなにがなんでもロッドを振っていたくて、それに、それは若い頃だから体力もあったし、朝からずっと釣りをしていて、気が付くとイブニングの時間になっていた、という風だった。釣りをしたくてしかたのない時代、サオも振らずに草の中にじっと座ってライズを待つなんてことはできなかった。それは時間の無駄で、な

にがなんでもサオを振り続けていれば魚を釣る確率が増えると思っていた。だから釣りつづけていて、気が付くととつぜんイブニング・ライズの時間になっている。あわただしく仕掛けを換える。チペットを太くして、大きな見やすいフライをつける。そうして、イブニングライズが起きるに違いないと思っていた場所に戻る。すると、そこにはすでにフライフィッシャーがひとり陣取っている。

そんな失敗を何度も重ねれば、いくら鈍感な小生でもしまいには、イブニングは早めに目星をつけた場所へ行き、草の間に坐ってヤブ蚊に食われながら、夜の裾が静かに拡がってくるのを待つことを覚える。しかし、待っている時こそ夜はなかなかやってこない。

今日もそうだ。草の間に寝転がると、山の峰の後ろから雲が湧き上がってくるのが見える。頂上近くはまだ陽が高くて、白い雪が光っている。山並みを離れた雲が流れてゆくのを見ていると、朝が早かったせいで眠気が押し寄せてくる。

騒がしい声が至福の眠りを破った。対岸の林にあるアオサギの団地で悶着が起きたらしい。粗忽者が部屋番号を間違えたか、子育て中だというのに浮気な旦那が隣の若い嫁さんにちょっかいを出したか、あるいは雛を狙ったタカが通り過ぎたのかもしれない。

陽はとっくに山の陰に姿を消して、空がピンク色に染まり、林は色を失って黒々としてきた。頭の上でピーッと声がする。柳の大木にできた大きな巣にトビの雛が二羽いて、時々白い産毛の頭を出す。腹が減って親を呼んでいるのだろうか。そうして、コウモリが飛び始めた。そろそろ魚が動き出す時間だ。上半身を起こして水面を見つめる。昨日は雨が降って、寒くて、結局ライズは一度も起きなかった。サオも振らないで夜が一つ過ぎていった。今日は昼間暑いくらいだったから、きっと虫もたくさん出るだろう。

トビの夫婦が巣に戻ってきた。古いギリシャの壺のような黒い塊が二つ、巣の上を飾った。そうして、下流の岸ぎりぎりのところでライズが起きた。さっそく、2Xの先につけた、トビケラ用のマドラーミノー風フライを投げてみる。それは何事もなく魚の頭の上を流れていった。もう一度投げてみる。やはり、出てこない。同じことをもう二度やった。反応なし。魚がスレているのだろうか。毎日誰かがこの魚をつついているのか。

それでしばらく休ませると、またライズが始まった。同じフライを投げる。反応なし。いったい何をどうやって食っているのだろう。水面に反応しているのにピューパなのだろうか。最近ではそんなフライは持ってきていない。より好みをする鱒にはお手上げだ。もちろん、若くて眼が良かった頃には、うす暗い中でヤマメ相手の二十番などというフライを結んだが、そのうち老眼が始まって、小さなアイにチペットが通らなくなり、一本のフライを結ぶのにひどく時間がかかった。結び終わった頃にはライズはもう間遠になっている。それで、老眼対策としてはあらかじめフライを結んだ予備のチペットを用意しておくことにした。これはシャルル・リッツ先生ご推薦の方法で、フライと反対側の端はチチワにしておく。リーダーの先もチチワにしておいて、ループ・ツー・ループで繋ぐのだ。これなら暗い中でもなんとかなる。ヘッドライトの輪の中、切り取られた夜に閉じ込められて、針の穴を探す、あのなんとも孤独に満ちた作業をしないで済むのだ。それに、ライズの最中に、いくら後ろを向いてでも、ヘッドライトは点けたくない。このフライを結んだスペアーのチペットは帽子のつばの上にぐるりと巻いておく。いざという時にはそれを外して、チペットごと換えてしまうのだ。この方法も万能ではない。たしかに、戦術を絞り込んで必殺のフライを一つ決めて、それを失くした時に、同じものを付け替える場合や、あるいは本命のほかに代打を一種類だけ持って行くなどという場合には有効だが、帽子のまわりに何本ものフライ付きチペットを巻くのはいただけない。外す時に　まちがいなく糸同士がからみあって使用不能となる。

小生はかなり若い頃から老眼が始まっていて、それ以来ずっと遠近両用のメガネを使っていたので、それに慣れてしまって、メガネを二つも三つも持って歩かずに済んでいる。そうでなければ、便利そうな道具を身体中のポケットに詰め込んでいる釣人にまた一つ厄介のタネが増えるというものだ。自分は横着者だと分かってはいるが、かといってそれを止める気もないので、釣り道具もフライも、釣り方も汎用性ということを考えていた。つまり、少ないものでいろいろに応用しようという考え方だ。肩が凝るほど重いベストを着るのが嫌だったせいもある。最小限の道具立てで川を歩いてみると、カバンも軽くなったが、気分も軽くなった。おかげで、釣れる魚の数が極端に減った。人間、どっかで折り合いをつけなければならない。小生の場合は魚の少ないほうで折り合いをつけた。あれもこれも面倒くさければこういう方法もあるけれど、ほとんど釣人失格の方法だから、この方向への解決策は万人に進められるものではないだろう。

　それで、今日もライズはあるのに魚は釣れず、釣れれば六十は越していただろうという幻想と明日への期待のみを背負って帰ってきた。

ガイドブック

「あそこは滑りやすいからな」とAが言った。

「そう、気を付けないと。オレも一度水没した」とBが言った。

何年か釣りを続けていると、釣人同志の間で、滑り易い場所に関する経験は一致する。塩原の野天風呂の前とか、那珂川の発電所の辺り、犀川にもそんな場所がある。それは履いている靴のソールの問題とかではなく、その場所全体にヌルが付いていて滑るのだ。北海道の蘭越の放水口の上は特にひどかったが、あれは放牧の牛のし尿と関係があるのだろうか。ヨーロッパの川ではこれは大きな問題になっている。ヌルとは単純明解な単語で、釣人用語だろうが、経験してみれば納得する。もちろん、季節や台風の影響でヌルの出方は場所も時期も変わるのだろうが、釣りのガイドブックには滑り易い場所なんてことはあまり書いてない。

最近の登山ブームで、定年後の年寄りや、山ガールなどが山道を賑わしているが、事故も増えている。それは道迷いだとか、滑落だとかで、その原因を道標の不備だとか、登山道の整備不良だとかのせいにするのを聞いたことがある。それは特殊な意見と思いたいが、それにしてもこの現象は、現在の管理社会の中で、われわれが与えられた物に対して何の疑問も抱かず、ましてや与えられることが当たり前と考える傾向を象徴しているような気がする。

登山のガイドブックには危険個所には〇危マークがついているし、鎖場だとか迷いやすい場所も示してある。釣りの案内書にはそんなことは書いてない。友人の一人はマッカリ川で岩盤底の浅い場所を歩いていて、いきなり深いホールに落ち、首まで水に浸かった。息子が小さい頃、肩車をして只見川の銀山湖への流れ込みを渡ろうとして、流砂に足をとられて動けなくなったことがある。底なしで身体がどんどん沈む。一緒にいた友人がいなかったら困ったことになっていた。川には経験しないと分からない危険が一杯だ。源流に入れば、雪渓の崩壊、落石、増水などあらゆるリスクが押し寄せてくる。年寄りや山ガールのハイキングなどとはレベルの違う冒険の要素が加わる。事故が起きたとしても、谷の中では携帯電話は通じないかもしれない。ヘリコプターは来てくれない訳だ。さらに整備された山道と違って、道のない沢では次にそこを通りかかる人間は今日なのか、明日なのかあるいは一週間先なのかは分からない。

釣りというのは管理されたスポーツではない。ゴルフ場でのように事故を他人のせいにはできないのだ。たぶん、釣人は与えられる情報や、与えられる

環境に頼るのではなく、自分で考え、自分で用心し、自分で対応する能力と習慣を身に着ける必要があるだろう。それが普段の社会生活のしがらみの中で、与えられるものに従うことがいい社会人であるという呪縛から自分を解き放つ絶好の機会になるかもしれない。そうして手に入れた自由の感覚が歌声を上げる時、釣人は魚を追うことを通して、魚を得ること以上のものを手に入れるような気がする。

移動祝祭日

——もし幸運にも、若い頃、パリで暮らすことができたなら、その後の人生をどこで過ごそうとも、パリはついてくる。パリは移動祝祭日だからだ。（高見浩訳）

ヘミングウェイの『移動祝祭日』という本の扉に右のような文章がある。たしかにパリでの生活は印象的だ。私も一時期パリに事務所を持っていたことがあるので、少しは知っているのだが、そこではビジネスにしろ生活にしろ人間臭さがつきまとう。パリという街は小さな集落の集合体のようなもので、それぞれの区域にはそれぞれのカフェーがあり、仕事の行き帰りに立ち寄り、一時の世間話に花を咲かせる。朝の立ち飲みでのカフェ・オレ、クロワッサン二個。夕方のグラス一杯のワイン。美しい娘が店の前を通れば、テラス中の眼がそれを追う。そこには見る楽しみ、見られる楽しみ、といった共犯関係が成立する。冬の寒気が街燈や店の灯りを研ぐと街は美しさを増すし、夏のヴァカンス時、人の少ない裏通りの寂しい倦怠感は思いだすだけで胸がしめつけられる。かといって、パリでの生活が他の都市よりも快適だったり、楽だったりする訳ではない。そこでは同じように来月の家計のやりくりに苦労する人たちがいるのだが、昔の日本の長屋に通じる人情があって、彼等の朝のボンジュールの一言が、その日一日をやってゆけそうな気にしてくれるのだ。そんなパリでの生活はなにかにつけて思いだすし、そこで得た人間の付き合いや、感性はその後もずっとついてまわる。

若い時に（あるいは中年になってからでも、あるいは年をとってからでも）一度経験するとその後ずっとついてまわるのはフライフィッシングも同じだ。五十年ほど前、大学の同級生でヨハン・セバスチャン・バッハとフライフィッシングの好きな友人がいて、彼は自分の好きなものには異常な執着心を示した。貧乏学生だったにもかかわらず、クラブサンの名手、ランドルフスカヤのバッハ全集をLPで持っていたし（プレイヤーは持っていないにもかかわらず）、フィールド・アンド・ストリームといったアメリカの雑誌やオービスなどの道具のカタログを手に入れていた。その頃は日本語でのフライフィッシングに関する情報は本当に少なかったので、それは貴重なものだった。彼はそれらを六本木の古本屋で手にいれたのだと言う。あの辺は外国の大使館の多いところで、そこの職員が転勤で日本を去る時にそれらの本を売るか捨てていったのだろう。だからその界隈の古本屋を漁った彼の着眼には天才的な冴えがある。その彼がフライフィッシングは一生の事業として

実践に価するものだと、私に説いたのだ。彼の天才的な能力を尊敬していた、影響されやすい私はすぐにこの泥沼に第一歩を印した。知識も道具も、その手に入れ方も全て彼のお導きの下だったが、当時道具を手に入れるのは結構大変だった。その大変さがかえって情熱をかきたてたのだ。ロッドは横田基地近くのスーベニア・ショップで見つけた。G-の土産用のもので、桐の箱の中にロッドとフライが何本かと、ゲイシャ印のフライライン、そしてどういう訳かトウガラシ浮子が入っていた。ロッドはグリップを反対に差すと、ルアー用になるコンビネーション・ロッドだった。キャスティングの先生などはいなかったので、本を読んで、勝手に解釈して勝手にやっていた。私のフライフィッシングはそうして始まった。

道具や知識はともあれ、都会の片隅に生まれ、貧乏なせまい家に大家族で住んでいて、家にいるより外をほっつき歩いていてほうが楽しかった少年時代を過ごした人間にとって、そして焼野原から地平に見える青い山の連なりに胸を躍らせた人間にとって、サオ一本を持って川の神秘を探りにいく行為はたしかに一生をかけるに値するものになった。とはいっても、これはあくまで趣味の世界の話だから、その後勤め人になってからは、ただ全ての週末を釣りにあてるというだけの話なのだが、そして川に行きたい気持ちを埋めるには、つねに時間が不足していた。ある夏の盛り、ビルの谷間から青い空に湧き立つ入道雲を見た時、そのビルの谷間をうろつかなければならない自分の小ささと大きな空の中にむくむくと立ち上がってゆく雲に表れた力強い自由への意志との落差に愕然として、会社勤めは自分のとる道ではないと悟った。三カ月後、会社を辞めた。もちろん、これは大きな誤りで、以後つらい人生を歩むことになる。そうして、年間百日以上のフィッシング・バム生活を満喫し、毎日は祝祭日で、自分もそれにヒロイックな酔いを感じていた。が、もちろん何事もそんなにうまくいく訳ではない。髪の長いケモノに掴まったり、小さなイソーローが泣きながら裸で出現すると、少しは世間並の仕事をしなければならなくなった。

制約ができて川に行けないとなると、ロッドを持ちたいという欲求はさらに強くなる。仕事は始めれば、多かれ少なかれその全体の歯車の中に組み込まれて、義務やしがらみに縛られる。ビルの高層階で会議の最中、窓の外を旅行中のハヤブサが通ると、ハヤブサは私の頭の中から会議の内容を奪い去っていった。頭の中には柳の新緑が水面に揺れているのが見え、自分の居るべき場所は、組織を守り、存続させてゆくために、善意も悪意もいっしょくたにして知恵を絞るこのビルの会議室なのか、あるいは、カワネズミが身体を銀色に光らせながら石裏を探して

歩く川岸なのか分からなくなる。

そうこうしているうちに、世の中でフライフィッシングはアウトドアー・ファッションの流行とともに脚光を浴びるようになった。スタンドの下でフライを巻くシーンがウィスキーの広告に使われるようになり、優秀なエリート・サラリーマンはレクリエーション・ビークルに乗って、週末をカントリー・ライフで過ごすことがステータスとなった。フライ専門のプロショップが全国に出現し、それはまさに日本におけるフライフィッシングの黄金期の到来だった。フライの専門誌が何種類も書店に並び、フライフィッシングを教えることを職業とするプロのインストラクターやガイドが誕生した。人気の釣り場には高価なフィッシング・ギアーを身に着けた釣人が川岸に並んだ。日本のバブル経済は絶頂期を迎え、誰もが明日は今日より儲かることを疑わなかった。

日本のフライフィッシングはそこに到るまで、イギリス風のドライ・フライから始まって、すぐにアメリカのフライ・パターンやニンフ・フィッシングが導入された。ダグ・スイッシャー、ロン・コッデス、ジョー・ブルックス、レフティー・クレイ、マイケル・チャン、ビンセント・モリナロ、アーネスト・シュバイバート、シャルル・リッツ、などなど、そんな名前を聞くと、字引片手にいくつもの夜を過ごした熱い日々が懐かしい。新しい技術や道具が紹介されると、誰もがそれにとびついた。それをやれば、それを持てば、もっと魚が釣れるに違いないと信じ込んだ。そうして、そうしたものが吸収された後、日本の川、日本の魚に合った技術や道具が日本人の手で開発され、しかも日本から海外に向けて発信されるようになった。まったく何の根拠もないのだが、自分でフライを巻くフライフィッシャーやバンブー・ロッドビルダーの日本人の数はおそらく世界でも一、二を争うのではないかと思う。なんでも始めるとストイックに頂点を目指さないと気のすまない、日本人の性格として、ほんの短い間に日本はフライフィッシングの一大国となった。

一つの文化は成熟すると沈静化が起こる。フライフィッシングの拡大とともにあちこちにでき、釣人の推移を見続けてきた友人の釣り堀の管理人が言うには、今の若者は技術の習得に時間がかかり、面倒な哲学を押し付けられそうなフライフィッシングという釣りにはもう興味を示さないという。流行やファッションに乗り遅れないために道具をそろえた人たちも、次の流行へと去っていった。そうして、フライフィッシングはそれに取り付かれた人たち、フライフィッシングという移動祝祭日を祝う人たちのものに落ち着いたのだ。

スターリング・ノースの小説、『はるかなるわがラスカル』の中にあらいぐまのラスカルを飼っている少年が老人と話す場面がある。少年は、一人の老人があざやかにフライラインを操り、鱒を掛けるところに遭遇する。老人が魚を川岸に寄せた時、あらいぐまのラスカルがそれに跳びついてしまう。老人はそれを優しく許してくれ、少年とラスカルを自分の小屋へ招待する。そして、言うのだ。自分は釣りをしながら日々を送る、そうした生活をしたくて、何年もの長い間、スポーツ店の経営に汗を流してきた、そして、今それを手に入れて幸せだ、と。

私のフライフィッシングも、いろいろな事情でロッドを手にできない時期がしばしばあった。けれども、フライフィッシングはいつでも私についてまわり、必ずそこへ戻ってきた。それは単なる郷愁や暇つぶしからではなく、自分を見失うことの多い現代生活の中で自分が無意識に求める必要で大事なことのように思えたからだ。おそらくこれからも、気が付けば、谷からの風が甘く香り、浅瀬の中でしぶきが光を躍らせ、透明な水が心地よい瀬音をたてる水辺を歩いていることになるだろう。そんなことが世の中の役に立つとは思えないが、すくなくとも自分を見つめ直すためには、いい機会となるだろう。

後記

―絵描きの成りかた―

二十四、五年前、創刊間もないフライフィッシャー誌の編集長、若杉さんに勧められて画文を書き始めた。よくまあ、私の幼稚な絵ととぎれとぎれの文章を掲載する勇気をお持ちだったと思うが、フライフィッシャー誌が不定期刊になるまで、編集者が何人も代わったがほとんど切れ目なくずっと書かせて頂いた。その間、『川からの手紙』『post card』『フライフィッシングABC』『水辺の写生帖』などなどと連載タイトルは変わったけれども、中身は同じようなもので、飽きもせずにお付き合い頂いた読者と編集者の方々には感謝にたえない。

その間、変わったのは筆者の生活環境の方で、世の中を敵に回してでも釣りに行きたくて仕方のない時代から、仕事に追われて電車や飛行機の中で原稿を書いていた期間、カミさんが交代したり、息子が独身に戻ったり、孫が外泊をするようになったりと、憧れの貧乏絵描きになるまで、ずいぶんと忙しい人生だった。憧れの絵描きになれたのはその二十四、五年前の若杉編集長の私に書かせるためのオダテの一言、「絵がいいですね」だったのだ。それは絵にもなっていないような絵なのだが、細胞が単純な私には効果があって、それ以来、毎月一枚か二枚の絵を描かねばならなくなった。それがずっと続いて、一年十二か月に年数を掛けるとそれでもかなりの量になった。お蔭で私は絵描きになったのである。ただ描きになるには学歴も免状も要らず、誰かの許可も必要としない。絵自分からそう宣言すればいいだけの話なのだが、そのためには心の準備が必要で、その訓練をフライフィッシャー誌の連載がさせてくれたのだと思っている。

絵に関しては見るのも、描くのも好きだが、誰に教わったわけでもない。たぶん、自分の性格が自分で発見する楽しみの方向を向いているせいかもしれない。だから、釣りでも、仕事でも、あるいは人生のやり方でも、結果よりプロセスに興味がある。自分でやれば結果を得るための道筋で試行錯誤することにより、その節々で発見の感動がある。教えてもらえば結果へは近道だが、その楽しみを自ら放棄するようなものだ、という貧乏性にとらわれているせいかもしれない。お蔭で、何事にも時間がかかり、釣りも山登りも絵描きもたいした進歩はない。人生と同じようにそれらすべては未完成のままに終わるに違いないし、知らぬ間に自分もいい年になった今となってはもうそれに文句をいうつもりもない。山は頂上まで行かなくても（本当は行けなくなったのだが）悔いは残らないし、釣りは魚の顔を見なくても一向にかまわない。ただ、山の中にいれば気持ちがいいし、谷を歩けば楽しくなる。あるいは、そこにいて、霧の匂いを嗅ぎ、蜘蛛が天空の居城を建築するのに立ち合い、季節が変わる風に吹かれているだけでその一日が満たされる。

この本はそうした、ずっと発展途上の人間の日々からこぼれ出た写生帖のページですが、これからも、もう少し雲の行方を追いかけてみたいと思っています。

柴野邦彦

二〇二一年九月吉日

■柴野邦彦（しばのくにひこ）

kunihiko shibano

1943 年、東京生まれ。上智大学卒。フランス大使館勤務後、イベントプロデュース、プロジェクション・マッピング制作などを経て現在絵描きと文筆業。登山とフライフィッシングを愛好。著書に『川からの釣人の手紙』、『フィッシング・ダイアリー』、画集『釣人たち』他。訳書に『ア・フライフィッシャーズ・ライフ』。編書に『ひとり歩けば　辻まことアンソロジー』他。日本山岳画協会、Fario Friends of Tokyo, JAPAN FLYFISHERS, 日本登攀クラブ会員。